表現のエチュード

愛知峰子
高木　徹　共著

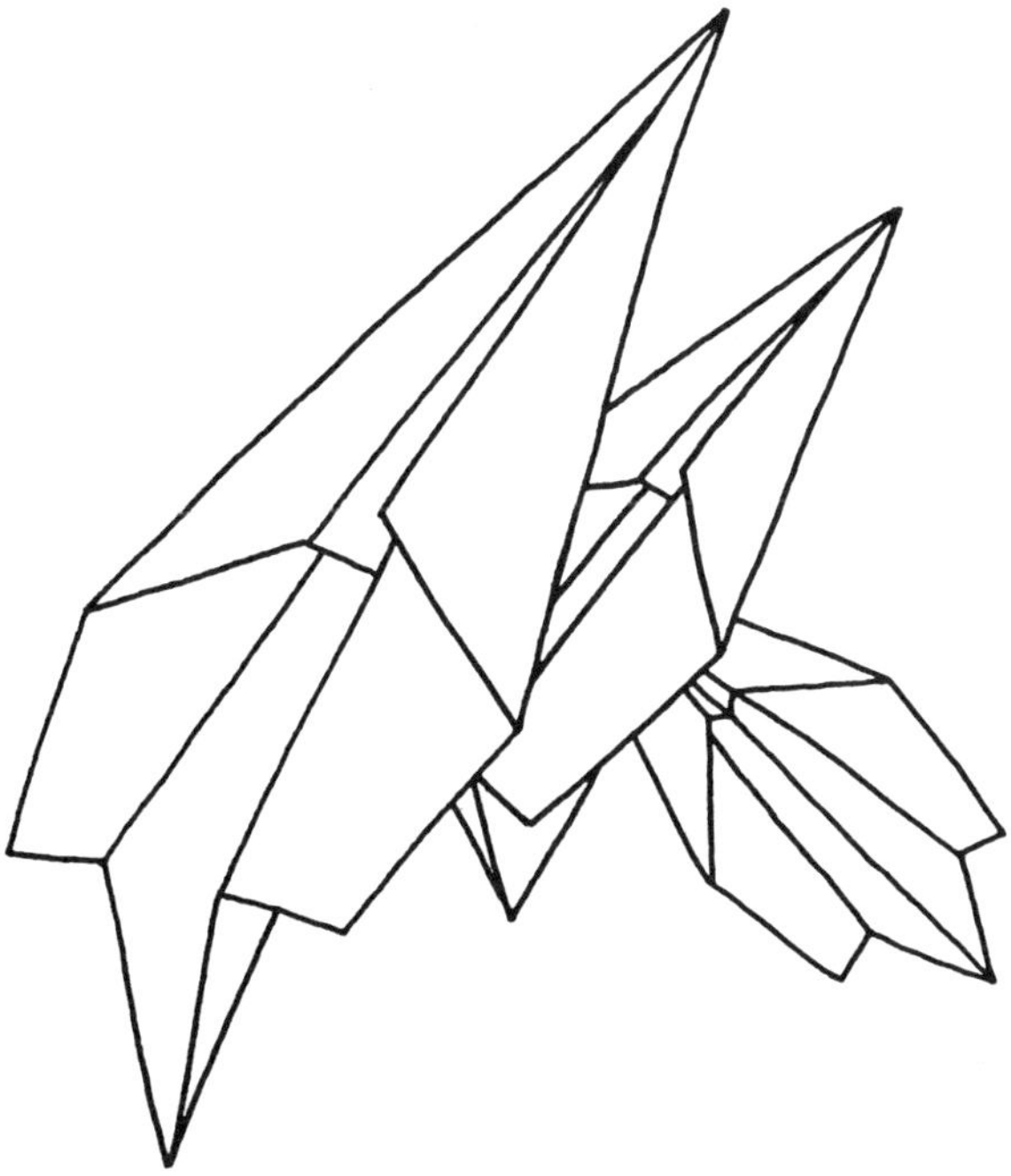

学術図書出版社

はしがき

本書は、日本の現代社会における「言語を用いた伝達」ということを考えながら、適切な日本語表現のための基本的技能に関する情報を簡単にまとめたものである。大学・短期大学等の学生を主な読者とし、「言語表現」等の教科用のテキストとして使用されることを想定して作成したが、日本語の表現力を高めたいと望む人には、個人的にそうした授業とは別にでも取り組んでいただけるよう、平易な記述を心がけた。

日常の言語生活において誰もが直面する場面の表現は、ぜひとも身につけておきたいものである。本書では、さまざまな言語表現の中から、主として、日ごろよく使う実務的・実用的表現を取り上げた。「練習篇」は、切り取って利用できるよう綴込みにし、練習問題の番号は、関連する単元ごとに本文中にも付してある。ぜひ練習に役立てていただきたい。

本書が、新世紀を担う人々のきめ細かでゆたかな日本語表現のために、ささやかな使命をはたすことを心より願っている。ただ、教科書として利用しやすいよう、それなりに工夫を施したつもりであるが、まだ多くの欠点があろうと思われる。より良いものになるよう、ご意見、ご叱正等をいただければ幸いである。

なお、表紙絵・イラストは画家の柏原冬子さん、参考資料の手書きは中部大学学生の永田円さんにご協力いただいた。あらためて感謝申し上げたい。

二〇〇〇年十二月

著　者

目　次

第一部　表現ということ

第二部 書くことで表現する

第二部　話すことで表現する

第一部

表現ということ

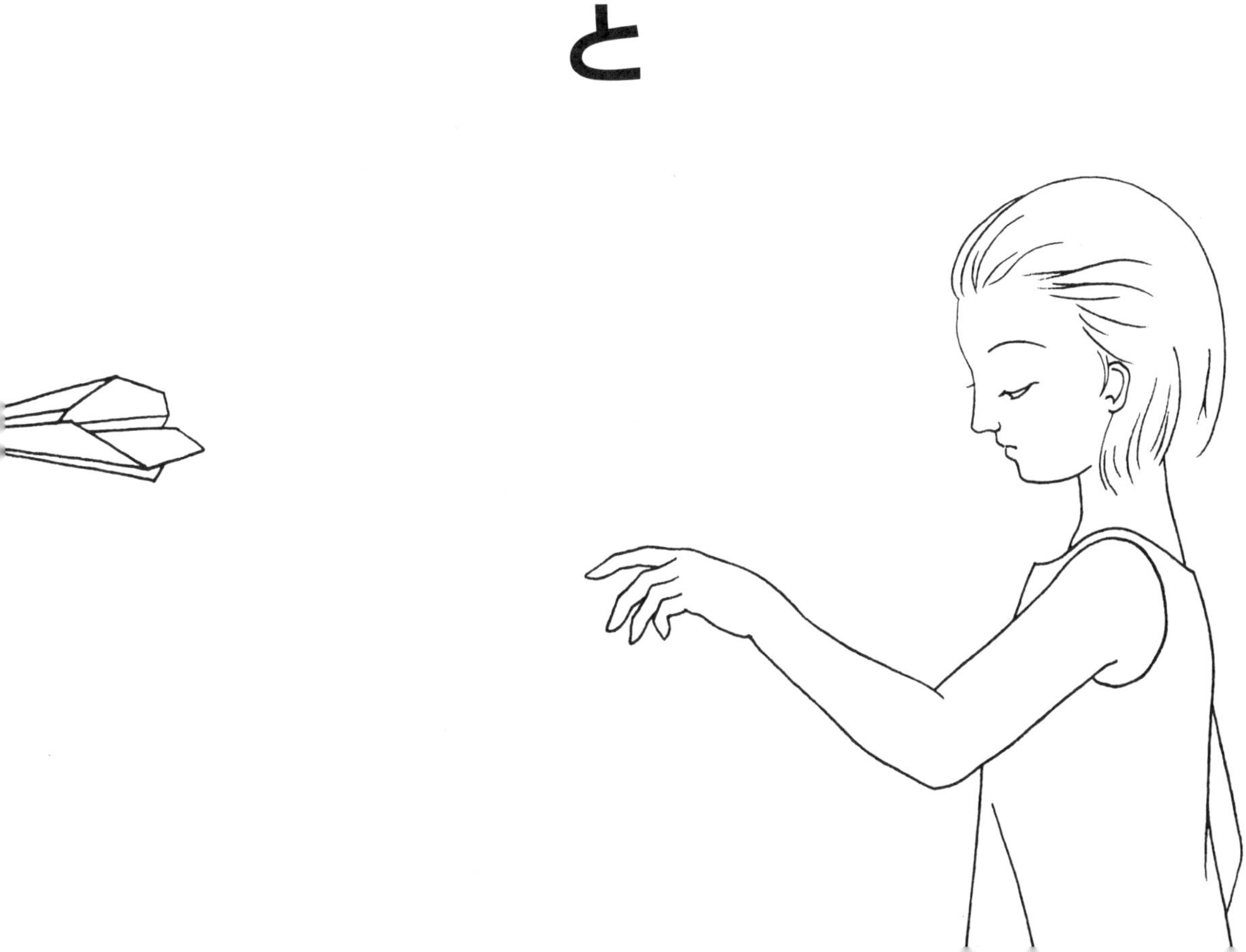

第一章　心をゆたかに表現するために

「わたしの心の内や考えを伝えたい。分かってほしい。」誰にも、そういうコミュニケーションを望む気持ちがある。そのために、伝えたいことや分かってほしいことを、何とか表現しようとする。

では、どのようにしたら、そのような心の中を、ゆたかに表現できるのだろうか。

一　表現のいろいろ

表現のしかたには、大きく分けて二つある。「ことば・言語」を使う場合と、それ以外のものを使う場合とである。

「言語」を使って表現するというのは、ことばを話したり、文字で書いたりすることである。ことばは、簡単にいうと、音声や文字といった、ある社会に共通の記号で、一定の内容を表し、伝えるという働きをする。人による受け取りかたの違いは、比較的少ない。そのため、「言語」で表現するときは、表現する側と受け取る側とで、同一の内容をイメージしている可能性が大きい。

これに対して、「言語」以外のものを使う場合としては、動作・身ぶり（たとえば、お辞儀、パントマイム）、服装・身なり（たとえば、礼服やアクセサリーの着用）、音楽や美術（たとえば、演奏、創作）などによる表現がある。こうした「非言語〈言語ではないもの〉」による表現も、受け取る側の感性に働きかけ、表現をゆたかにするために有効な場合は多い。しかし、感性が大きなポイントとなるため、それのみでは誤解が生じやすい面がある。たとえば、身ぶりや身なりによる表現では、受け取る側の好みなどにより、受け取りかたの個人差がかなり大きい。満面に笑みを浮かべて感謝の気持ちを表したつもりでも、あざ笑ったと勘違いされたり、また、じっと目を見つめて好きだという気持ちを表したつもりでも、心の底をのぞこうとにらみつけたと誤解されるというように、それがストレートに伝わらないことがある。音楽や美術も、感性に強く訴えるものだけに、鑑賞者の感性によっては、表現者の意図とは、まったくずれて受けとめられることもありうる。

　このように、表現のしかたによって、伝わりかたには、かなり違いがある。「伝えたい、分かってほしい」という点を重視した表現では、できれば、誤解されやすい方法より、そのようなことの少ない方法を選びたい。とくに、複雑な内容を精確に伝えたいときは、この点は大切である。たとえば、家族が急病で、救急車を呼んでほしいことを伝えたいときの表現を想像してみよう。「言語」で表現することが、たいへん重要で、中心的な表現方法であることが分かるだろう。

　もちろん、「言語」による表現も、万能ではない。思いを伝える適切なことばがすぐには見つからないこともある。「ことばでは言い表せない」という気がするときもある。そのうえ、一所懸命説明しても、気持ちが正しく伝わらず、誤解されることもないではない。できるだけ、正確に受けとめてもらえるよう、ことば選びから、声の調子や文字の書き方に至るまで、いろいろと表現を工夫することは大切である。とくに、「言語」と合わせて、「非言語」、たとえば笑顔のような表情や身ぶりなどを用いて表現することも、表現をゆたかにするうえで効果があるだろう。

二　「言語」のいろいろ

　「言語」で表現するより前に、実は、わたしたちは、すでにものを考えるときに、「言語」を用いて考えている。たとえば、日本語を母語とする人は、日本語であれこれ思考する。「言語」は、表現のしかただけでなく、表現する中身そのものを形作るのにも、大切な役割を果たすわけである。表現にとっては、たいへん重要なものといえる。

　ところが、「言語」は文化と密着したものなので、時が移り、時代が変わると、それとともに変化する。また、場所が変わり、国や民族が違うと、異なる「言語」が通用していることも多い。「言語」による表現は、こうした「言語」の持つ性格から、さまざまな影響を受ける。表現をゆたかなものにするためには、こうした「言語」の特徴にも、心を配る必要がある。

1　時と「言語」

　「言語」は、永久不変なものではなく、時間が経つにつれて変わっていく。たとえば、『源氏物語』や『平家物語』は、明らかに今とは違ったことば（古語）で書かれている。急激に社会が変動する現代では、同じ時点でも、老人と若者とでは、育った時代の違いから、かなりことば遣いが違う。生活のしかたなどが変わると、それに合うように、いろいろな表現が試されるなかで、少しずつ、声の出しかたや言い表しかた、単語が持つ意味なども変わっていくのである。

このように、「言語」は、もともと流動的であるが、ある社会に共通の記号として、一定の内容を表し伝えるという働きをするためには、あまり変わらないで、安定している方が便利である。もし、老人と若者とで、会話が成り立たなかったら、大いに困ることだろう。こうして、比較的安定して、長い間、ある社会で共通して使われるような「言語」を、現時点で確認して、うまく使いこなすことが重要である。

変化する言語のなかでも、「流行語」は、特にそれが著しい。一時的には頻繁に使われるのに、すぐにほとんど使われなくなる。たとえば、おしゃれで新しい感じを「ハイカラ」と言うのが流行した時代から、「ナウい」と言った時期まである。美しい、素敵だ、よく似合うなど、あらゆる良い様子を「カッコイイ」の一言で表現した時期もあった。このような流行語は、同一時期にあっても、年代の違う人や、流行に疎い人には、十分通じないほど変化が速い。最新の流行語を活用すると、新鮮な感じなどを伝えやすいときもあるが、広く後々まできちんと内容を伝達しようとするなら、このような短命のことばは、使用を控えた方がよいだろう。

2　地域や民族と「言語」

それぞれの地域や民族などの持つ歴史や文化の違いから、世界には、多くの異なる「言語」がある。英語、アラビア語、中国語、日本語など、実にさまざまである。「言語」を用いたコミュニケーションということを考えた場合、統一的に通用する「言語」があれば、たいへん便利である。だが、世界共通の言語を創り、広めようとする動きはあったが、いまのところ十分な成果を上げていない。

使用する「言語」が違う場合、コミュニケーションを図るには、「言語」の変換作業（通訳・翻訳など）が必要となる。だが、これも、文化の違いなどが背景にあるため、とくに微妙な文になると容易ではない。

「言語」として同一だと考えられるなかでも、「方言」のように、地域によって多少の違いがあることがある。日本でも、関東と関西では明らかに違いが見られ、もっと小さく区分して比較しても、多かれ少なかれ地方ごとに差異はある。そのため、東北の人と九州の人が、方言だけで話したら、お互い意味が分からず、会話が成り立たないということも起こる。そこで、「共通語」を設けて使用することになる。

こちらは、「世界共通語」と違い、それなりの成果を上げている。だが、そうすると、他方で、「方言」は使われなくなり、消滅していく。ところが、地域性や郷土色などをゆたかに表現しようとすると、地域文化が背景にある「方言」でないと無理なときもある。「方言」自体が、地域の文化でもある。「言語」としての共通性を持たせたいということと、広く通じないが郷土色のある「方言」を残したいということとの調整は、その使用する場面や用途に応じた使い分けなどを通して、現実的に解決して行くほかないだろう。

なお、社会的地位の高い人に対してなど、とくに敬意を払う必要がある人間関係でだけ使われる言い回しや、ある社会階層やグループの中だけで使われるようなことばもある。人間関係を円滑にしたり、集団への帰属意識を高めたりと、その効用は少なくない。だが、「隠語」のように、仲間以外の者に通じないことを前提としたものは、広くどのような人にも伝達したい時などには不適切で、使用すべきではない。

三　「言語」表現のいろいろ

「言語」は、表しかたによって、音声言語と文字言語に分けられる。音声言語は、話しことば、口頭語とも言われ、「話すこと」で表現されて、「聞くこと」で受け取られ、理解される。文字言語は、書きことば、書記言語とも言われ、「書くこと」で表現されて、「読むこと」で受け取られ、理解される。ゆたかな表現のためには、そうした伝達のしかたの違いに応じた配慮が大切となる。

また、それぞれ表現する内容によって、手紙や書類、レポートや論文、およびスピーチなどのような実務的ないし実用的な表現と、詩や小説といった文芸作品、および話芸や演劇などのような芸術的で、実用的でない表現に分けられる。後者も、身につけることができれば、とても素晴らしいことだろう。だが、誰もがその必要に迫られるというものではない。これに対して、前者の実務的・実用的表現は、誰もが直面する表現で、ぜひとも学んでおきたいものである。このような視点から、本書では、主として、日頃よく使う実務的・実用的表現を取り上げる。伝達ということを意識しながら、きめ細かでゆたかな表現について考えたい。ぜひ、すてきな表現のしかたに出会ってほしい。

第二章　気配りの表現

一　失礼にならないために

1　人間関係と場面・状況を見きわめる

ふつう、コミュニケーションを図るとき、お互いに、人間関係や場面・状況を見きわめて、失礼にならないよう気配りをする。とくに日本では、この点は、たいへん重要なことと考えられている。人間関係としては、地位、職業などの社会的関係、先輩後輩、師弟などの立場関係、年齢、血縁などの関係、所属グループ、つきあいの親しさの程度などについて考慮する。いわゆる目上の人はもちろん、目下の人に対しても、気配りは大切である。場面では、たとえば、場所柄（公の場所か私的な場所か、どの程度改まっているかなど）、時間（勤務時間中かどうかなど）、状況（めでたい場面か、哀しい場面かなど）といった点について判断する。相手や話題になっている人物について、人間関係の位置づけをし、どのような場面かということも考えに入れて、表現のしかたについても、それにふさわしい気配りをするわけである。

具体的には、相応の敬意を表すようなことば遣いや言い回しを使うことが、その中心となる。しかし、会話では、さらに、声の調子にも注意し、また、表情や態度、服装、動作なども合わせることが大切である。ことば遣いだけ恭しくしても、ふんぞり返ったりしていては失礼になる。とくに、客や目上の人などに対しては、心持ち姿勢を縮めるようなしぐさをしたり、先を譲ったり、深く礼をしたり、というようなことが、通常なされている。また、手紙などを書く場合にも、筆記用具（毛筆・ペンなど）や文字の色調（墨の濃淡、インクの色など）などのほか、用紙や封筒の種類などにも注意する。表現をゆたかなものにするため、「言語」による表現はもちろんのこと、それとともに、さまざまな「非言語」的表現にも気配りをする。

敬意を適切に表現できれば、コミュニケーション全体が滑らかになり、人間関係もうまく行く。だが、反対に、表現のしかたを誤ると、ぎくしゃくすることも起こる。たとえば、現代では、親しい人には親しげに、目上の人には改まった感じで話したりするのがふつうである。ところが、もし、これが逆になると、妙によそよそしいとか、変に馴れ馴れしいとか思われて、相手に不快感を与えてしまうこともある。このように、敬意を適切に表現するような心配りが大切なのである。

2　「言語」で敬意を表す

「敬語」は、対人関係の中で敬意を表すものとして発達した。人間関係や場面がどのようかを見きわめた所で、それを言語表現に反映させるものである。一般に、話し手（書き手）が、聞き手（読み手）や話題の人物を上位に置くように用いる。

どうしても敬語を使わなければ、敬意を表す言語表現ができないというわけではない。たとえば、「同席できたことを名誉に思う」と言えば、言い回しの全体で、同席した人物に対して、敬意を払っていることになる。しかし、日本語では、敬意を表す言語表現の中心は、敬語である。

敬語を上手に使うことは、敬意を適切に表すときの重要なポイントである。たしかに、現在では、子どもが、敬語をきちんと使う場に置かれることは年々減少しており、使えないまま育つ人が増えている。その結果、敬語の表現も徐々に厳密でなくなり、変化が見られる。しかし、今日でも、敬意を表そうとしているという心配りが伝わり、いい人間関係を築ける程度の敬語は、使えるのが望ましい。

なお、敬語は、使い慣れないと、とっさの場合に、うまく口から出てこないようなことが起こる。慣れていない場合は、とにかく、何度も口にして練習するとよい。

二　適切な敬語を使うために

1　敬語のいろいろ

敬語には、敬意の表しかたによって、尊敬語、謙譲語、丁寧語の三種がある。いずれにも、通常の語に対して「特定語形を用いるもの」と、語頭、または語末に付け加えることで敬意を示す「敬語的成分を付加するもの」とがある。

実際の場面では、適宜、取り合わせて使用する。たくさん使いすぎて、不自然な表現にならないように注意することも必要である。

2 尊敬語

尊敬語は、相手や話題の人物の動作、状態、所有物などを高めて言うものである。話し手や書き手の尊敬の気持ちを表す。特定語形に、「いらっしゃる」、「おっしゃる」などがある。また、敬語的成分を付加するものとしては、「お体」の「お」、「尊宅」の「尊」、「山田様」の「様」、「行かれる」の「れる」、「お医者さん」の「お」と「さん」、「お誘いになる」の「お」と「になる」などがある。自分の動作などについて使ってはいけない。

3 謙譲語

謙譲語は、自己、又は自己側のものの動作、状態、所有物などを低めて言うものである。話し手、書き手の謙譲の気持ちを表して、相手に敬意を示す。特定語形として、「うかがう」、「さしあげる」などがある。敬語的成分を付加するものとしては、「拙宅」の「拙」、「愚案」の「愚」、「私ども」の「ども」、「お誘いいたす」の「お」と「いたす」、「お招き申し上げる」の「お」と「申し上げる」などがある。相手側の動作などについて使ってはいけない。

4 丁寧語

丁寧語は、自他に関わらず、物の言い方を丁寧にすることによって、相手に敬意を表すものである。特定語形としては、「です」、「ます」、「ございます」などがある。敬語的成分を付加するものには、「お天気」の「お」、「ご馳走」の「ご」、「行きます」の「ます」、「はばかりさま」の「さま」、「お気の毒さま」の「お」と「さま」、「お人形さん」の「お」と「さん」などがある。

物言いを上品、きれいにする「美化語」も、これに似た働きを持つ。とくに、自分のことば遣いの品位を保つために使われる。「亡くなる」、「おいしい」、「お手洗い」、「ごはん」などがある。

【問1】～【問3】

第二部

書くことで表現する

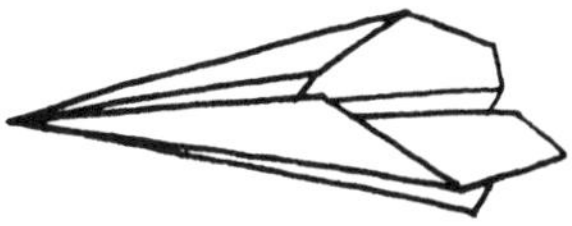

第一章　書くということ

書くということは、表現しようとすることを、一字一字文字に置き換えて、固定していく表現作業である。どのように文字に置き換えるかについては、社会に一定の決まりがある。その決まりに従って書いておくと、読み手が、今度は逆のプロセスを経て、文字から表現内容を受け取り、理解するわけである。したがって、その文字への置き換えのでき具合によって、それを読む人に表現内容がきちんと伝わるかどうかが左右される。

文字や文章など、書いたものは残る。だから、書き手は、書き上がるまでに、何度も読み返すことができ、訂正、修正をして、よりよい表現を追求することができる。読み手は、文章を前にして、いつでも、また、よく理解できるまで何度でも、読むことができる。つまり、書くことは、伝えたい、分かってほしいと思うことを、最も納得がいく形で表現できる方法だといえよう。

ところが、書くことが楽しく、好きだという人ばかりではない。「できれば書きたくない」とまで思っている人もある。書くのは、時間がかかり、少々面倒な作業だということもあるかもしれない。上手に書かなければいけないと思い過ぎて、気持ちのうえで、楽しむ余裕がなくなっているのかもしれない。

だが、文字のなかった古い時代に思いを馳せてみよう。わたしたちの祖先は、たくさんの仲間や子孫に、何としても伝えたいことを表現し、残そうと、文字を作りだし、書き始めた。今ではあふれている文字も、何も無かった時代に作り出すのは大変だったはずだ。そのエネルギーは、すごいというほかないだろう。

どうしても書きたい、書いておきたいと考えた昔の人のエネルギーを思い浮かべ、伝えたい気持ちのままに書いてみよう。書くことで、考えていることがまず形になる。形になれば、それを磨くことができる。文章を読み直し、書き直し、楽しく表現しよう。練習を積めば、あなたも、文章表現の達人である。

第二章　書くための準備

一　テーマを決める

何が言いたいのか曖昧な状態で文章を書き始めるのは、行き先を決めずに旅に出るようなものである。ある程度、結論部分まで見通した方向性を持っていなくてはならない。

たとえば、英語第二公用語論について書くとしよう。英語を第二公用語とすることについて、賛成なのか反対なのか（あるいは部分的賛成なのか部分的反対なのか）、自分の立場がはっきりしていなかったら、どっちつかずの、何が言いたいのかわからない文章になってしまうだろう。書き手の主張が曖昧であれば、読み手を混乱させるだけである。

資料を集めているうちに、あるいは書き進めているうちに、自分の考え方が変わってくるということはある。そうなったらそのときに軌道修正をすれば良いわけで、先の見通しなく書き始めてよいということではない。

文章を書こうとする際には、何について書くのか、そして何が言いたいのかを自分の中ではっきりさせることが、まず重要である。

二　材料を集める

自分の趣味について書くなら、わざわざ材料を集める必要はないかもしれない。しかし、大学でのレポートとなると、何らかの材料が必要なものがほとんどだろう。実験のレポートを書くなら実験のデータが必要であるし、世界の食糧問題について書くなら各種の統計資料が欠かせない。

自分で直接入手した材料は強い説得力を持つ。たとえば法隆寺の建築構造について論ずるなら、自分の目で見た方が良いに決まっている。だがそれが不可能なときは、写真や図などに頼るしかない。

そういうわけで、材料を集めるための基本は、図書館での文献検索である。関連する書物や雑誌の並んでいる棚の前で、本を手に取って使えそうな資料をさがすというのが古典的方法であるが、同時にパソコンでのキー・ワード検索なども併用するとよい。

またインターネットを活用することも重要である。インターネットを利用すれば、さまざまなデータ・ベースにアクセスすることが可能（有料のものもあるが）になる。たとえば新聞記事をさがす場合、キー・ワードを入力すれば、いつ、どの新聞に関連記事が掲載されたかを知ることができる。

遠く離れた土地の情報を得るのにインターネットは便利であるが、特に威力を発揮するのは外国の事情について調べるときである。日本語の出版物では入手できない、小さな（しかし自分にとっては重要な）情報や最新の情報が、居ながらにしてしかも瞬時に得られるのである。

こうした情報機器を用いることで、資料や情報を集めることは随分容易になった。たくさん集めるだけなら簡単である。問題は、多くの資料の中から、自分の文章に使えるものはどれであるかを見極める目である。大量の情報の中から、どれを取ってどれを捨てるか、そういう取捨選択の判断力が重要になってくる。

三　構成を考える

1　三段構成

文章の構成の基本は、A―B―Cの三つの部分から成る構成である。起承転結のような四段構成は文章を書き慣れた人のものであり、まずは三段構成に習熟すべきである。

Aの部分は書き出しである。これからどういう問題について述べようとしているのかを簡潔に示す、問題提起の部分と考えれば良い。

Cは結論部分である。この文章を通して自分が言いたいことを、まとめて表現する部分である。

大事なことは、文章の組み立てを考える際に、AとCとをセットにして考えることである。次の例を見てみよう。

A　夫婦別姓について考える。
C　別姓を希望する夫婦には、それを認めるように法改正すべきである。

A　遺伝子組み換え食品の問題について論ずる。
C　安全性が確かめられるまでは、その導入には慎重であるべきである。

Ａ　電力の未来について述べる。

Ｃ　地球環境のことを考えると、太陽光発電や風力発電に力を注ぐべきである。

文章の構成を決めるには、このようにＡ（書き出し）とＣ（結論）とを一緒に考えるのが良い。そうしないと、書き出しに示された方向と結論とがずれてしまうことも起こり得る。短い文章であれば、ＡとＣは、それぞれ一段落程度でよい。

それではＢの部分は何を書くところか。ＡからいきなりＣに行ったのでは、読む人を納得させることはできない。Ｂは、結論に至る根拠を述べる部分である。結論が同じであっても、Ｂの内容によって、その文章の説得力が違ってくる。Ｂの部分は、実例や数字を挙げるなどして、できるだけ具体的に書くのがよい。

そして、Ｂの部分の段落数はどう考えたらよいか。Ｂの段落数は、ＡとＣとの間にはさむ材料の数によって決まる。結論を理由づける根拠が三つあるなら、Ｂの部分は三段落（Ｂ１・Ｂ２・Ｂ３）で書けばよい。

Ｂの段落間の関係は、（三段落と仮定した場合、）三つが平行な関係で並ぶ型（Ｂ１―Ｂ２―Ｂ３）もあれば、Ｂ１がＢ２に発展し、それがＢ３に発展するという型（Ｂ１→Ｂ２→Ｂ３）もある。あるいは両方の複合型もあるだろう。

２　構成メモ

長い文章を短く要約したことはないだろうか。実は文章を書くということは、要約とは逆の作業なのである。

文章を書き慣れた人なら、頭の中で組み立てを考えて書くことも可能だろう。しかし、文章が苦手だと思う人には、文章を書き始める前に、次のような構成メモを書いてみることを勧めたい。

まずＡの書き出しとＣの結論とを一緒に決める。そして次に、その間にはさむ材料を考える。材料が四つあれば、Ｂ１からＢ４までということになるが、これらをどういう順序に並べたらよいかについても考えたい。

Ａ　電力の未来について述べる。

Ｂ１　水力発電の大きな伸びは期待できない。

Ｂ２　火力発電は二酸化炭素を排出するという問題があ

る。

B3　原子力発電は万が一の事故のときの危険が大きい。

B4　太陽光発電や風力発電は環境への影響が小さい。

C　地球環境のことを考えると、今後は太陽光発電や風力発電に力を注ぐべきである。

右のようなメモができたら、論理に飛躍はないか、重要な根拠を落としていないか、もう一度考えてみてほしい。大丈夫ということであれば、実際に文章を書き始めることになる。それぞれ骨格となる文に肉付けをして、一段落にふくらませて行くのである。段落どうしをつなぐ接続の言葉も必要になってくるだろう。

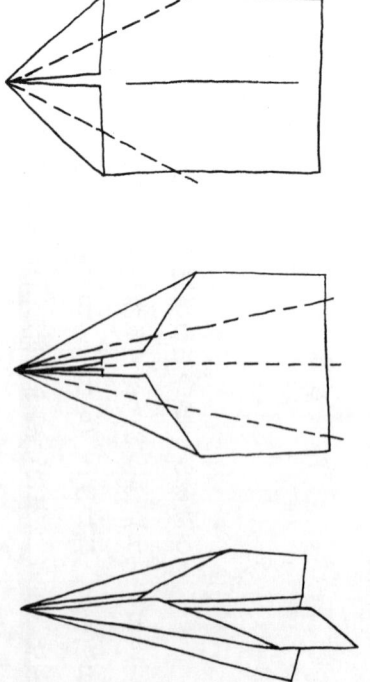

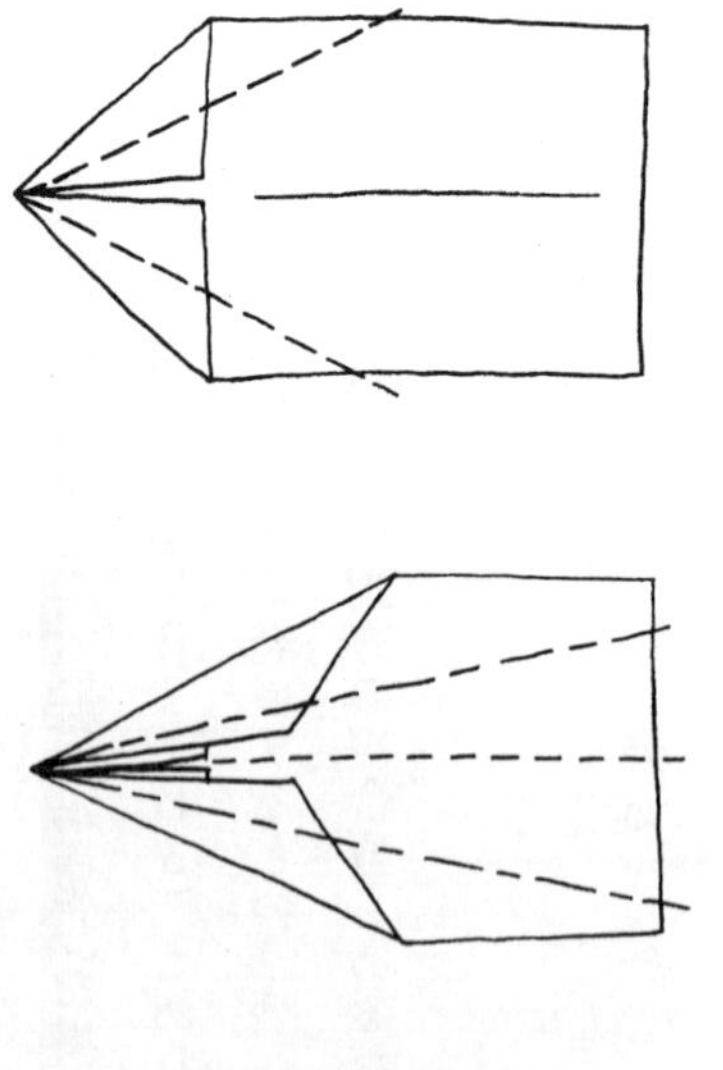

第三章　書くための基礎

一　表記のきまり

1　現代仮名遣い

「蝶」を「てふ」と記した歴史的仮名遣いに比べれば、現代仮名遣いはかなり実際の発音に近づいたと言えるが、それでも完全に発音と一致しているわけではない。

現代仮名遣いのきまりの中で、特に間違えやすいものを次に挙げておこう。

①「言う」は平仮名の場合「いう」と書く。

実際には「いう」とは発音していないこともあってか、「ゆう」と書き間違える人がいる。漢字で書く際には問題にならないが、「そういう」などと書くとき、うっかり「ゆう」を使わないように気をつけてほしい。また漫画に見られる「そーゆー」などは論外である。

②「通り」は平仮名の場合「とおり」と書く。

「そのとうり」などの間違いをよく目にする。しかし、なぜこれが間違いなのだろうか。「党利」「桃李」は「とうり」であるのに、「通り」が「とおり」であるのは、どうしてだろう。実はここには歴史的仮名遣いの問題がからんでいるのである。

現代仮名遣いにおいて、オ列（お・こ・そ・と・の……）の長音を表記するには、オ列の仮名に「う」（傍線部）を添えるのが原則的なきまりである。

例　おうぎ（扇）　とうさん（父さん）

ところが、このきまりとは別に、次のような語については オ列の仮名に「お」（傍線部）を添えて書く、というやや例外的なきまりもある。

例　おおかみ（狼）　おおきい（大きい）
こおり（氷）　とお（十）　とおい（遠い）
とおる（通る）

傍線部の「お」は、歴史的仮名遣いにおいて、「ほ」または「を」であったものである。逆に言えば、歴史的仮名遣いでオ列に続く「ほ」または「を」であったところを、現代仮名遣いでは「お」と記しているのである。

「とう」と「とお」を例にして、歴史的仮名遣いと現代仮名遣いとの関係をまとめてみると、次のようになる。

歴史的仮名遣い		現代仮名遣い	具体例
とう	→	とう	弟　統一　北東
たう	→	とう	峠　勝たう　砂糖
たふ	→	とう	塔　答弁　出納
とほ	→	とお	遠い　通る
とを	→	とお	十

結局のところ、歴史的仮名遣いにおいてウ列の仮名（う・ふ）であったものは「う」とし、オ列の仮名（ほ・を）であったものを「お」とするということで、ある程度仮名遣いの歴史を尊重したものになっている。

ところが私たちは歴史的仮名遣いで育ったわけではないので、この使い分けについては覚えるしかない。自信がないときは、辞書等で確認することが必要である。

この他に、「じ」と「ぢ」、「ず」と「づ」の使い分けという大きな問題がある。たとえば、「一人ずつ」（正）を「一人づつ」（誤）と書いている例などはよく見かける。「世界中」（「せかいじゅう」が本則で「せかいぢゅう」も許容）や「稲妻」（「いなずま」が本則で「いなづま」も許容）のように微妙な例もあるので、これもそのつど辞書等で調べるのが良いだろう。

また助詞であることを忘れがちな「を」（例「やむをえず」）や「は」（例「こんにちは」）も注意が必要である。

漢字で書く分には、仮名遣いの問題は表面化しないが、仮名遣いを間違えていると、パソコン・ワープロでうまく変換してくれないということが起こり得るので、やはり正確に学んでおきたいものである。

【問4】・【問5】

2 送り仮名

送り仮名のきまりには、「本則」（基本的な法則）のほかに、「例外」や「許容」が数多くあり、すべてを理解して使いこなすのは、かなり大変なことである。少しでも疑問に思ったら、国語辞典や表記辞典などで確認するという方法が、現実的な対応ではないだろうか。

ここでは一番大きな原則だけを説明しておこう。

それは、活用のある語は、活用する部分（活用語尾）を送る、というものである。

例　書く　生きる　考える　荒い

「書く」のような五段活用動詞は、語幹「か」と語尾「く」の区別がわかりやすいので問題ないが、上一段活用や下一段活用の動詞は注意が必要である。「生きる」の場合、どの活用形にも「いき」の形が現れるが、語幹は「い」で、語尾は「きる」なのである。

【問6】

3 漢字と仮名の使い分け

日本語における漢字と仮名の使い分けは、かなりの部分、筆者の裁量に任されている。

ただ漢字の音を使った言葉（漢字一字の言葉や熟語）は、できる限り漢字で書くべきであり、その一部や全部を平仮名で書くことは避けてほしい。見た目が悪いだけでなく、同音異義語がある場合は、誤読されることにもなりかねない。「三人でこうせいする」と書いたら、「構成」か「校正」か、わかりにくいだろう。

一方、漢字の訓を使った言葉の場合は、漢字でも平仮名でもどちらでもよい場合がある。例えば「言葉」は「ことば」と書くこともできる。

漢字は文節の区切りを見た目にはっきりさせる働きも持っているので、適度に漢字を使用することで、読みやすい文を書くように心掛けてほしい。

ただし公用文に関しては、次のようなときに、傍線部を仮名で書くことになっている。

・許可しないことがある。
・事故のときは連絡する。

・現在のところ差し支えない。
・正しいものと認める。
・賛成するわけにはいかない。
・次のとおりである。
・その点に問題がある。
・ここに関係者がいる。
・合計すると一万円になる。
・だれでも利用ができる
・図書を貸してあげる。
・負担が増えていく。
・報告していただく。
・問題点を話してください。
・寒くなってくる。
・欠点がない。
・連絡してよい。
・間違いかもしれない。
・調査だけにすぎない。

右の例には形式名詞や補助動詞の場合が多い。「物が落ちてくる」は名詞で「正しいものと認める」は形式名詞、「京都へ行く」は動詞で「負担が増えていく」は補助動詞である。本来の名詞や動詞としての意味を失った用法の場合は、仮名書きがふさわしいという趣旨であろう。が、あくまでも公用文のきまりなので、それほど神経質になることもない。

4　数字の表記

縦書きの場合は漢数字、横書きの場合は算用数字（アラビア数字）を用いるのが基本である。

まず縦書きの場合であるが、次の二通りの書き方がある。

a　十月二十五日　　二千五百円
b　一〇月二五日　　二、五〇〇円

aは「十百千万億兆」を用いる書き方であり、bは算用数字を漢数字（ただし0は〇に）に置き換えたものである。両方とも用いられるが、西暦を記す場合はb（例：二〇〇一年）が普通であり、また複雑な数字を記す場合もbの方が読みやすいだろう。

気をつけるべきは、一つの文章の中で、a・b二種類の書き方があまり混在しないようにすることである。特に同種の数（日付、金額、年齢など）を書き表すのに、二種類の表記がまじるのは絶対に避けなければならない。「一〇月」と書いた次に「十二月」と書くような例である。

縦書きで、概算の数字や小数点をどう書き表したら良いだろうか。概算の場合は「、」（読点）、小数点の場合は「・」（中黒）を使用する。

概算　一五、六％（15％くらいから16％くらいまで）
小数点　一五・六％（15.6％）

次に横書きの数字の表記について述べる。横書きの場合は算用数字（アラビア数字）を使うということで、縦書きよりも簡単なはずだが、横書きであっても漢数字を使わなければならない場合があるので、注意したい。

その中でも最近、和語の数詞を算用数字で書く例をよく目にするが、次に挙げるような例は、横書きであっても漢数字で書くのが原則である。

一つ　二つ　三つ
一人（ひとり）　二人（ふたり）
三日月（みかづき）

なぜ、「1つ」と書いたらいけないのだろうか。それは「ひとつ」という読みが「一」という漢字の訓読みとして存在し、数字の「1」は「いち」としか読めないからである。「1人」と書いたら、それは「いちにん」としか読めない。

確かに新聞の見出しや吉本ばななどの小説では、縦書きであっても、「1つ」「2つ」という書き方を目にする。将来的には許容される方向に進むと思われるが、今のところ、論文やレポートの文章では、横書きでも「一つ」「二つ」と書いておくのが無難である。

5　読点の打ち方

読点（テン）の打ち方をきまりとして述べることは非常に難しい。どの文にも通用するきまりは、ほとんどないと言っても良い。主題を示す「は」「も」などの後に用いる、などの説明があるが、「私は感動した。」という短い文であれば、「私は」の後の読点はない方がよい。

明らかに変だと思われる読点は、重文や複文の場合によく見られる。

×　木は、酸素を作る働きもしているのに人間は、自分のことしか考えられない。

「は」の後に読点を打つという考え方にとらわれ過ぎた例である。「木は—している」「人間は—考えられない」という二つの主述関係からなる重文であり、「木は酸素を作る働きもしている。それなのに人間は自分のことしか考えられない。」と、二つの文に分けることも可能である。したがって読点を一箇所だけ打つとすれば、次のようになる。

木は酸素を作る働きもしているのに、人間は自分のことしか考えられない。

右の例のように明らかに読点の位置がおかしい文は別にして、読点を打っても打たなくても、どちらでも良いと思われる場合だと迷ってしまう。読点が多めの文章を書く人もいれば、少なめの文章を書く人もいる。ある程度までは書き手の個性と言えるが、あまりに極端なのは避けたい。

本や新聞などを読むとき、どこに読点が使ってあるかに注意しながら読んでみれば参考になるのではないだろうか。

また読点の問題は、読点だけの問題ではなく、漢字の使用や語順の問題ともからんでいる。たとえば次の例である。

私ははやばやと出発した。

読点を使って「私は、はやばやと出発した。」とすれば読みやすくなるが、読点を使わなくても、「私は早々と出発した。」とすれば同じ効果が得られるのである。

次の例はどうだろう。

私はこの件に関しては家庭に問題があると考えている。

「私は、この件に関しては家庭に問題があると考えている。」とすれば、確かに読みやすくなるだろう。しかし、この例文の場合、主語の「私」と述語の「考えている」とが離れ過ぎているところに問題があるのであり、読点で処理をするのではなく、「この件に関しては家庭に問題があると私は考えている。」と語順を変えることで解決すべきではなかろうか。

読点を打つと読みやすくなる文の中には、漢字を使ったり語順を変えたり、あるいは長い一文を二文に分けたりすることで解決できるものもある。読点を考える際には、こうしたことも視野に入れながら、文意を明瞭にするための最善の方法をさぐってほしい。

なお、日本語の縦書きでは句読点を用いるのが原則であるが、横書きの公用文では、句点（。）とコンマ（，）を使用することになっている。

6　記号類の使い方

文章の中で記号（符号）を用いる際に気をつけることは、自分独自の記号を使ったり、一般的な記号であっても独自の使い方をしたりしないようにすることである。

一般的な記号の使い方について説明しよう。

句読点については省略するが、読点に近いものとして中黒（・）がある。これは名詞を列挙する際に便利な記号である。次の例のように、中黒を使った方が、文の構造がわかりやすくなる。

×　名古屋市では、空き缶、空き瓶、その他の不燃ゴミ、という分別回収が行われていた。

○　名古屋市では、空き缶・空き瓶・その他の不燃ゴミ、という分別回収が行われていた。

次に括弧類について説明する。日本語の文章の中でしばしば用いられるのは、「　」『　』（　）の三種類であり、これ以外のものは使わないで済むようなら、使わない方が無難である。英語のクォーテーション・マーク（quotation mark）を使う人がいるが、何らかの必然性がない限り、使うべきではない。「　」と（　）の使い方については、特に説明するまでもないと思われるので、『　』に触れておこう。

『　』は、「　」の中にさらに語句を引用する場合に用いる。たとえば、新聞記事の中に次のような文があるとする。

米国は、「議会の同意が得られない」と強く抵抗した。

この文を自分の文章の中に引用すると、次のようになる。

新聞記事には、「米国は、『議会の同意が得られない』と強く抵抗した。」と書かれている。

もう一つ、『　』の使い方として重要なのは、書名を記す際に、『広辞苑』『大辞林』のように使うということである。

これらの他に、しばしば使われる記号としては、点線

（……）・中線（――）などがある。

また疑問符（？）や感嘆符（！）は、小説の会話文ならともかく、一般の文章では使わないのが普通である。

7　原稿用紙の使い方

パソコンやワープロの普及によって、学校教育以外の場では原稿用紙を使用する機会が減りつつある。しかし、パソコンやワープロで文章を作成する場合も、基本は原稿用紙の場合と同じであり、そのきまりを学んでおく必要がある。

そこで、特に注意すべき点をいくつか挙げておこう。

① 改行したときは、次の行の最初の一マスを空ける。

改行のあと、次の行の最初のマスから書き始めるという誤りを見ることがある。改行をするということは、そこでその段落が終わり、次の行からは別の段落が始まることを意味する。文末の句点のあと、意味もなくその下を空白にするのは絶対にしてはならない。改行、すなわち段落が変わるということであり、段落に対する意識を持って文章を書くことが要求される。

② 句読点・括弧などの記号類には、原則として一マスをあてる。

ただし、句読点と閉じる括弧類とが連続する場合（。」）は、二つを一マスに入れる。また、――や……には通常二マス分をあてる。

③ 句読点や中黒・あるいは閉じる括弧類が、行の最初に来るときには、前の行の最後のマスの中か、そのあとの欄外に書く。

ただし、撥音を示す小さい「っ」や、拗音を示す小さい「ゃゅょ」の場合は、行の最初に書けばよい。

④ 引用は、短いものであれば「　」でくくる。長いものの場合は、改行して引用文全体を本文より二段程度下げる。本文と引用文との間に、一行分の空白を設けると、さらに読みやすくなる。

⑤ 横書きの場合など、算用数字やローマ字の小文字を書く

原稿用紙の使い方について

○○○○学科　○年

○　○　○　○

原稿用紙に文書を書くときには、文字や符号を一つずつマスに入れて書く。したがって、句読点もかっこも一字分取って書く。ただし、行末の符号は、原則として次の行の最初には書かないで、行の一番下のマス、または、マスの右下に書く。

段落は、改行し、始めは一マスあけて書く。段落を設けるのは、場面・題材・観点が変化しているときや論旨が展開しているときなどである。

会話文は、改行し、

「どうしてこんなものを買ってきたの」

「お友だちにあげるつもりなの。もうすぐ誕生日だから」

のように、かぎかっこ（「」）でくくる。また、ことばを強調したいときや、引用文があるときにもかぎかっこを用いる。ただし、引用が長文であるときには、

頭はまだ何だか明瞭しない。物忘れが烈しくなった。しかし気分は近年になく静まって、落ちついたいい気持がしていた。稲の獲入れの始まるころで、気候もよかったのだ（志賀直哉『城の崎にて』角川書店）。

のように、二字下げて書く。

箇条書きの場合も、

①　必要なこと、重要なことを条項に分けて書き並べる。

②　各箇条に番号や記号を付ける。

③　一つの箇条には、一つの内容だけ取り上げて書く。

というように、一字下げて書くとよい。

なお、原稿用紙が二枚以上になるときは、整理しやすいように通し番号を付ける。

ときは、一マスに二字をあてる。

二　書き方の工夫

1　文　字

他人が読むことを前提とする文章では、読みやすい文字で書くことを心掛けたい。そのためには一字一字を丁寧に楷書で書くことが要求される。特に数字に関しては、読み間違えられることのないよう、癖のない字を書くことが大切である。

字は上手であるに越したことはないが、そうでなくても読みやすい字であれば十分である。逆に書道が得意だからといって、行書や草書で書くのは、一般には好ましくない。また、漢字の口を○のように書いたり、略字を使ったり、ということも避けなければならない。

筆記用具について、授業の提出物などで鉛筆類を使用する際は、HB以上の濃い芯を使用するのが望ましい。シャープペンシルを使用する場合は、文字が薄くならないように注意しよう。

手紙などの書簡類や、履歴書など就職活動にかかわる書類を書く場合には、ブラックやブルーブラックの万年筆等を使用し、鉛筆類は絶対に避けなければならない。普通の油性ボールペンもあまり好ましくない。

正式な書類の場合は、修正液の使用も避けるべきであり、間違えてしまったときは、可能なかぎり書き直すべきである。書き直しができないものは、訂正印を使用して「見せ消ち」にする場合もある。

2　漢　字

日本語の中で主に用いられる文字には、漢字・ひらがな・カタカナがあるが、漢字を適度に使うことによって文が読みやすくなる。

×　わたしははやくくるまにのりたいとおもった。

右の例文は同じ仮名の連続している箇所があり、非常に読みづらい。読点を使用する手もあるが、それよりも漢字を使って、「私は早く車に乗りたいと思った。」とすれば読みやすい。

ある本の中に次のような文があった。

しかしよわい二十八歳で、多少とも脳みそを持ち合わせている人間なら、誰でも少しくらいはデカダントなのだ。

右の文の傍線部であるが、一瞬「弱い」と勘違いした人はいないだろうか。漢字で「齢」と書くと読みが難しいという判断だろうが、漢字は読めなくても意味はわかるということがある。この場合も漢字の方が良かったのではなかろうか。あるいはまた、ある保険の約款に次のような文があった。

保険の目的のかしの損害およびそのかしによって生じた損害。

この「かし」が、「菓子」だと思った人はいないだろうが、それにしてもどういう意味かわかるだろうか。「かし」を平仮名にしているのは、その漢字が常用漢字外だという配慮であろうが、平仮名にしたから意味が伝わるというものでもない。漢字で書いた方が、仮に読めなくても、意味の伝わる可能性は高い。読むことよりも、意味を伝えることを優先して、漢字で書くべきである。

ある日の新聞の見出しに「瑕疵担保特約」という言葉が出ていた。変に誤解されることのない分、こちらの方がましではないだろうか。

漢字に自信がないせいか、漢字の熟語を書くのに平仮名を使う人がいるが、これはできる限り避けなければならない。単に読みづらいだけではない。漢語には同音異義語が多く、例えば「対しょう」と書いたら、「対照」「対称」「対象」のどれかわからないからである。

なお、パソコン・ワープロなどで難しい漢字をさがす場合を考えると、漢字の部首の名称や画数についても、学んでおくとよいだろう。

【問7】〜【問11】

3　話しことばと書きことば

話に使用されるのが話しことば、文章に使用されているのが書きことばと、はっきり線を引いて区別できるわけではない。文章でも雑誌の記事やエッセイなどの中には、わざと会話的な表現を使って親しみやすくしたものもある。逆に講演などでは、かなり文章に近い表現が使われる場合が多い。

しかし、レポートや論文を書くということであれば、会話的な表現が混入しないように注意しなければならない。

学生の文章で特に目立つのは、逆接の「けど」「けれど」である（特に「けど」は好ましくない）。文頭での逆接表現には「しかし」を、文中では「が」を使用するのが基本であると、覚えておいてほしい。

それ以外にも、次の傍線部の表現は会話的な言い回しであり、レポートや論文の文章では避けるべきである。

- お金を稼ぐのはやっぱり難しい。
- どっちかと言うと、サッカーより野球の方が好きだ。
- 最近、学問の面白さがやっとわかってきた。
- 大学生になると、すべて自分の責任だっていう面がある。
- 私が言いたいのは、そういうことじゃない。
- ごみの分別をちゃんとやるべきだ。
- 大学生になって、ちょっと独り立ちした気分だ。
- 楽器を弾くことが、楽しくてしょうがない。
- 彼はなんでそこまでして走り続けるのだろう。
- 釣りと言っても、いろんな釣りがある。

その他にも、擬態語・擬声語や、「はっきり言って」「とりあえず」「すごい」「はまる」などの表現を安易に使わないように心掛けたい。

【問12】

4　「たり」と「とか」

日常会話の影響だと思われるが、「たり」や「とか」を単独で使うべきではないところで使用している文を見かける。

まず「たり」については、次のような例である。

× 学習塾とは、学校の授業でわからないところを尋ねたり、復習をする場所である。

このように同類の動作・状態を並べて表現するときには、「……たり……たり」と「たり」を二つ重ねて使わなければならない。例文の場合は、傍線部を「したりする」と書き換えるべきである。

次に「とか」については、次のような例である。

a 「資源を大切に」とか、「川をきれいに」という言葉は、……

b　付き合いとかで酒を飲むことは好きではない。
　　タバコの吸い殻を道路とかに捨てる人も多い。

aの例文で用いられているのは、事物を並べあげるのに用いる「とか」で、列挙するものすべてに「とか」を付けるのが望ましい。傍線部「と」を「とか」に書き換えるのがよい。

またbの例文については、ここで「とか」を用いるのは好ましくない。傍線部の「とか」を取るか、あるいは「など」に書き換えるか、どちらかにすべきである。

「とか」を単独で使う用法がないわけではない。しかし学生が使う「とか」の用例のほとんどはbの同類であり、「など」に置き換えられる「とか」は使わないようにしたい。

5　略語と外来語

略語の使用は、原則としてできるだけ避けたい。本来の意味をよく知らずに使うことにもなりかねないし、自分が所属する集団で使われる略語は外部の人に通用しないこともある。また人によって略語の形が異なる場合（たとえば「車校」と「自校」）もある。

それでも漢字の略語の場合（たとえば「原発」）は、漢字から意味が推察できるので、まだましである。問題は、外来語・和製英語などのカタカナ言葉やローマ字を使った略語である。これらは略すことによって、本来の意味がわからなくなってしまう。「リストラ」「インフラ」「ゼネコン」といった言葉は、新聞記事でもよく見かけるが、元の形と意味がわかるだろうか。

とは言うものの、「コンビニエンス・ストア」のように長い言葉を一々正確に書くと、かえって煩わしい感じがすることもある。そういうときは、最初だけ「コンビニエンス・ストア（以下「コンビニ」と略す）」と書き、二回目からは「コンビニ」で済ますという手もある。

ともかく、携帯電話を「携帯」とし、アルバイトを「バイト」とするような略語は、文章中では絶対に避けなければならない。

【問13】・【問14】

6　主語と述語

主語に関しては、いくつか気を付けたいことがある。

まず、論文等の文章において、一人称の主語として何を使うかである。文章の種類によっては、一人称の主語自体を使わない方がよい場合もあるが、もし使うとすれば「私」が無難である。「僕」は好ましくないこともあり、また「自分」は避けるべきである。

×　自分は環境問題に関心がある。

次に、日本語の特色として、主語が明瞭なときは主語を省略できるということがある。たとえば次の例のように、同じ主語が連続することが文脈から明らかな場合である。

　昨日、私は上高地に泊まった。そして今日、穂高に登った。

また、同一の主語が連続する場合だけでなく、「思う」「考える」などの述語に対応する主語が「私」であるときは、省略可能なことが多く、特に論文等の文章においては省略した方がよいとされる場合も多い。

一文の最初を、無意識のうちに「私は……」と書き始める人がいるが、その「私は」は本当に必要な言葉なのかという観点から、自分の文章を読み直す習慣を身につけてほしい。必要以上に使われる一人称の「私」は、日本語の文章では好ましくない。

第三に、主語と述語の距離を離し過ぎることで読みにくい文になることがある。次のような例である。

×　私はこれはゴミ問題についての意識の低さを表すことで、大変なことであると考えている。

「私は」「これは」と主語が続き、非常に読みづらい文であるが、この文の構造は次のようになっている。

　私は［これはゴミ問題についての意識の低さを表すことで、］大変なことであると考えている。

この文がわかりにくいのは、「これは……表す」という主述の関係をはさんで、もう一つ「私は……考えている」という主述の関係があるからである。

この文を改善するには三つの方法がある。「私は」の後に読点を打つか、「私は」を述語のすぐ前に移動させ「私は考えている」とするか、前に述べたように「私は」自体を省略するか、である。

主語と述語に関するこの他の問題として、主語と述語がうまく対応しているか、ということがある。短い文ならともかく、長い文になると主語と述語の関係が混乱し、主語に対応する述語がなかったり、主語がはっきりしない述語があったり、ということが起こり得るので注意したい。

7　語句の重複

一つの文章の中で、同じ語句・似たような表現が繰り返し用いられると、稚拙な印象を与えることがある。もちろんその文のキー・ワードとなるような言葉が頻繁に出てくるのは避けられない。環境問題を論ずるのに、「環境」という言葉が度々使われるのは当然のことである。

ここで問題にするのはそうではなく、他の語句や表現で言い換え可能な場合や、内容が重複してしまう場合である。次の例を見てみよう。

・私が高校生のとき、電車で帰宅途中に電車の中で化粧をしている人がいた。
・高校生のときに想像していた大学生活とは、全く異なった大学生活を送っている。
・この大学には一般入試で合格したのだが、この大学への入学を決めたとき、……
・同じ過ちを繰り返している人がいると思うと、大変情けないことだと思った。

右の例文は、いずれも繰り返す必要のない語句を反復した過剰な表現であり、改善すべきである。例としては一文のものを挙げたが、この問題は一文の範囲にとどまるものではなく、文章全体にわたって心掛けてほしいことである。例えば一つの文章の中で、同じ接続詞（「そして」「しかし」など）、同じ副詞（「大変」「とても」など）が頻繁に出てくるのは、好ましいことではない。

この問題で最も注意が必要なのは、文末表現についてであり、次にそれについて述べる。

8　文末表現

文章をうまく見せる一つのコツは、文末にできるだけ多種多様な表現を用い、同じ表現を連続させないことである。逆に言えば、同じ文末表現の連続する文章は、それだけで稚拙な印象を与えかねない。次のような例である。

×　災害の中では、地震が一番怖い災害だと思う。火事は注意さえしていれば大丈夫だと思うし、水害は土木関連の工事を行うことで何とかなると思う。しかし、地震だけは他の災害と異なると思う。

これだけ短い文章の中に四回も「思う」が使われている。内容の面では特に悪いところはないのだが、単調な文末のせいで損をする例である。

それでは次に、変化に富んだ文末の例として、芥川龍之介の「鼻」の冒頭部分を見てみよう。

鼻

禅智内供《ぜんちないぐ》の鼻と云えば、池の尾で知らない者はない。長さは五六寸あって上唇《うわくちびる》の上から顋《あご》の下まで下っている。形は元も先も同じように太い。云わば細長い腸詰めのような物が、ぶらりと顔のまん中からぶら下っているのである。

五十歳を越えた内供は、沙弥《しゃみ》の昔から内道場供奉《ないどうじょうぐぶ》の職に陞《のぼ》った今日まで、内心では始終この鼻を苦に病んで来た。勿論表面では、今でもさほど気にならないような顔をしてすましている。これは専念に当来の浄土を渇仰《かつごう》すべき僧侶の身で、鼻の心配をするのが悪いと思ったからばかりではない。それより寧《むしろ》、自分で鼻を気にしていると云う事を、人に知られるのが嫌だったからである。内供は日常の談話の中に、鼻と云う語が出て来るのを何より惧《おそ》れていた。

文末だけを抽出すると、「ない」「ている」「太い」「である」「来た」「ている」「ない」「である」「ていた」と、「ている」と「である」がそれぞれ二回使われているものの、同じ言い回しが連続することはない。これがこの文章のリズムの良さを生んでいる。

日本語で文末に変化をつけるのはなかなか難しいことであるが、少なくとも同じ文末表現が、二回、三回と連続することだけは避けてほしい。

ただし、畳みかけるために、わざと同じ表現を繰り返す場合もある。たとえば太宰治の「走れメロス」の最初の段落、「メロスには父も、母もない。女房もない。」という箇所はその例だと思われる。これはやや高度な技術であり、あくまでも必要に応じて意図的にやるべきものである。

9 常体と敬体

文末に変化をつけると言っても、絶対にしてはならないことがある。それは常体（「だ・である」体）と敬体（「です・ます」体）とが混在した文章を書くことである。

「だ・である」体の文章の中で、一箇所だけ、「思います」のような敬体の文末が混じった文章を見かけることがある。ついうっかりと犯したミスだと思われるが、この一箇所が文章全体を台無しにしかねない。

目上の人に対して、「です・ます」などの丁寧語を使って話している際に、突然丁寧語を使わずに話し始めたら、どんな感じがするだろう。極めて不自然な感じがするはずである。

文章も同じである。常体に敬体が混入するのも、その逆も、同様に避けるべきである。

敬体を使用しなければならない文章として、手紙文などがある。しかし、大学におけるレポート・試験・論文などの文章では敬体を使用する必要はなく、常体を標準と考えるべきである。特に敬体を必要とする文章以外は、常体で書く習慣を身につけてほしい。

10 接続助詞

接続助詞の「が」は、文章を書くうえでなくてはならない言葉であるが、一文の中でこれを多用すると、だらだらとした印象を与えるだけでなく、何が言いたいのか不鮮明になってしまうことがある。たとえば次のような文である。

× 名古屋市では藤前干潟にごみ処分場を作る計画を立てていたが、結局は中止となり、新しい予定地をさがしているのだが、その間にもごみはどんどん増えている。

接続助詞の「が」が二回使われていることで、非常に読みにくい文になっている。

「が」以外に、接続助詞「て」「と」「ので」などでも、同様のことがしばしばある。一文の中で同じ接続助詞を使うときは、相当な注意が必要である。

11 文の長さ

一概に、短か過ぎる文や長過ぎる文が悪いというわけではない。問題なのは一文の長さに対して無意識なことである。

短い文ばかりで文章を書く人がいる。そうした文章はぶつ切りの印象を与え、「そして」「しかし」などの接続詞を多用することにもなるので、好ましくない。そういう人は、所々で重文や複文を用いて文を長くする工夫が必要であろう。

また逆に、百字前後の長い文ばかりで文章を書く人もいる。文章を得意とする人なら、それでもいいかもしれない。しかしそうでない人が長い文を書くと、主語と述語の対応が曖昧になるなどして、意味の不明瞭な文になりがちである。また、前に述べたような同じ接続助詞を多用する文にもなりやすい。

参考までに、ある新聞のある日の社説を見てみると、文の長さで一番多いのが三十字台の文で、次が四十字台である。この二つで半分以上を占めている。このあたりを文の長さの目安にすると良いだろう。原稿用紙では二、三行におさまる文ということになる。

そういうわけで、文章を苦手する人は、一文の長さとしては六十字以内を目安とし、百字前後まで長くならないように注意するとよいだろう。

ただ、文の長さばかりを気にして文章を書くわけにもいかない。いつも短い文ばかり、あるいは長い文ばかり、という人の場合はそれを矯正する必要があるが、そうでない場合は、字数を気にするよりも、長短とりまぜた文を書くように心掛けるとよいだろう。

さきほど例に挙げた社説を見ると、所々に十字台の短い文がある一方で、六十字、七十字を超える長い文も含まれている。文の長さの変化が、文章にリズムを生んでいるのである。文末に変化をつけることで文章のリズムが良くなることを前に述べたが、文の長さの変化もまたそのことに一役買っている。

12　辞書の活用

良い文章を書くには、辞書類などの活用が欠かせない。文章の上手な人ほど辞書を引くと言っても過言ではないだろう。

教室では小型の国語辞典で構わないが、自宅では『広辞苑』『大辞林』など大型の辞典類を備えたい。

辞書を使うのは書けない漢字を調べるときだけ、という人も多いだろうが、そういう人は使い方の幅を広げてほしい。

さまざまな辞書の使い方の一端をここで紹介しよう。

漢字はもちろん、送り仮名や仮名遣いも自信のないときは辞書で確認すべきである。ワープロ（パソコン）で文章を打っていて、うまく変換してくれなかったという経験はないだろうか。「いきどおる」と「いきどうる」、「いちじるしい」と「いちぢるしい」、「いなずま」と「いなづま」など、仮名遣いを間違えると変換されない場合もある。

また漢字の使い分けにも辞書を利用したい。「完成につとめる」「案内役をつとめる」「会社につとめる」の「つとめる」には、それぞれどの漢字をあてたらよいだろうか。これらの「つとめる」の場合、漢字で書くことで意味がより明瞭になるという利点があり、わからないから平仮名で済ますという態度は避けたいものである。

文章を書くには語彙の豊富さが要求される。ある語句を言い換えて表現したいのだが、それに代わる言葉が思い浮かばないとき、そんなときも辞書を活用するとよい。

たとえば手紙の冒頭に「拝啓」以外の言葉を使いたいと思ったら、まず「拝啓」を調べてみる。大きな辞書なら語釈の後の方に「謹啓」と書いてあり、これは「拝啓」の類義語に「謹啓」がある、ということである。次に「謹啓」を調べて「拝啓」との意味の違いを確認したうえで、問題がなければ「謹啓」を使うことができる。

十分に意味を理解していない言葉を用いるのは、間違いのもとである。だからと言って、いつも同じ言葉を使っていては、語彙が豊富にならないし、表現の幅を広げることもできない。少し不安のある言葉は、使用を避けるのではなく、辞書で確認してから使うという積極的な姿勢が望ましい。

漢字や熟語もそうであるが、特にことわざや故事成語、慣用的な言い回しなどは、勘違いして覚えていることも多い。「汚名挽回」などという間違った表現をしばしば見聞きするが、「挽回」という言葉の意味を十分に理解していないのが原因だろう。

国語辞典には、和語や漢語だけでなく、日本語の中に定着した外来語も多く載せられている。それらの本来の綴りを知りたいときにも役に立つ。自動車の「レース」と手芸品の「レース」とが、英語としては全く別の単語であることも一目瞭然である。『広辞苑』『大辞林』など大型の辞書であれば、食べる「パン」がポルトガル語から来た言葉であることや、野球の「ナイター」が和製英語であり、英語としては通用しないことも調べられるのである。

また、これら大型の辞書は百科事典的要素も兼ね備えており、歴史上の事件や人物、日本や世界の主要な地名、動植物の名前などについても簡単な知識を得ることができる。

文章を書くときは、辞書を横に置き、その辞書を縦横無尽に活用しながら、正確に書き進めることを心掛けてほしい。

第四章　いろいろな実用文を書く

一　書簡文

1　書簡

書簡（手紙、書状など）は、コミュニケーションを図りたい相手が、離れた場所にいるときに、書き送るものである。消息や用件を伝えることが、この種の文章の目的であるから、明確に伝えるようにしなければならない。

電話が普及し始めたとき、その便利さのため、すべての用件は電話で済ますようになるのではないか、手紙などは書かなくなるのではないかと言われた。だが、そうはならなかった。届くまでに時間がかかるが、電話と違って、書簡はそのままで記録文書にもなる。また、すぐその場で交信するわけではないので、自分が都合の良いときに書いて投函（発信）すれば、先方も都合の良いときに読むこと（受信）ができるという利点がある。結局、今も大いに利用されている。

2　手紙（封書）のスタイル

書簡の標準的なものは、手紙（封書）である。手紙では、伝統的に、敬意を表しながら用件などをきちんと伝えられるようなスタイルが整っており、表現のしかたが、かなりパターン化されている。文体も、常体では書かず、必ず敬体を用いる。ただ、パターン化が行き届いているため、それさえマスターしておけば、誰でも失礼のない手紙が簡単に書けるので、たいへん便利である。ここでは、基本となる縦書きの場合を説明しよう。

構成は、前文、主文、末文、後付けで、それぞれ次のように書き進める。

前文	頭語　時候の挨拶・・・・・・・。 安否の挨拶（相手、自分）・・・・・・・・・・・・・・・・ ・・・・・・・・・・・・。
主文	起辞　用件・・・・・・・・・・・・・・・・・・。 ・・・・・・・・・・・・・・・・・・・・・・・・・ ・・・・・・・・・・・・・・・・・。
末文	結びの挨拶（伝言の挨拶）・・・・・・・・・・・・・ ・・・・・・・・・・・・・・・・・・・・。 要旨をまとめることば・・・・・・・・・。　結語
後付け	日付 差出人署名 宛名・敬称
（副文）	（追加の用件・・・・・・・・・・。）

(1)　前文

頭語　これから手紙を書きますという挨拶で、もっとも一般的なものは、「拝啓」である。「謹啓」だと、もう少し丁重な感じになる。「前略」は、簡略に前文を省略するときに、お断りを言うものである。

なお、年賀状、暑中見舞い、死亡通知などには、頭語を書かないのが、ならわしである。

〈「頭語」の例〉

普通の場合	拝啓、啓上
丁重な場合	謹啓、恭啓
簡略の場合	前略、冠省
返信の場合	拝復、復啓
再び書く場合	再啓、追啓

時候の挨拶　頭語の次には、時候の挨拶を書く。その季節にふさわしい挨拶を述べる。とりあえずは、『手紙の書き方』といった本に載せられているような挨拶文をそのまま用いればよい。あえて、自分で作成する必要はない。

なお、四文字で済ませられる挨拶、たとえば「春暖の候」というようなものは、短いのがその長所でもある。たった四文字では、そっけない感じはあるが、無難で、ビジネスの場では、よく利用されている。ほかの時候の挨拶を付け足して、わざわざ長いものにしないようにする。たとえば、「厳寒の候となり、ことのほか厳しい寒さが続いております」のようにすると、同じ事を繰り返し記してくどくなるだけでなく、滑稽な感じさえ出てしまう。

ただし、私信では、四文字のものは避け、一般に、「日ごとに春めいてまいりました」のような長い方の挨拶を書く。

〈「時候の挨拶」の例〉

一月↓新春の候・厳寒の候・例年にない寒さが続いております・寒気ことのほか厳しい毎日が続いております

二月↓余寒の候・春寒の候・寒い日が続いております・日ごとに春めいてまいりました

三月↓早春の候・軽暖の候・日増しに春らしくなってまいりました・寒さもゆるみ、一雨ごとに春めいてまいります

四月↓春暖の候・陽春の候・花の便りも聞かれるころとなりました・花冷えの肌寒い日が続いております

五月↓新緑の候・薫風の候・若葉の緑もすがすがしいころとなりました・風薫るよい季節となりました

六月↓梅雨の候・初夏の候・アジサイの花が美しいころとなりました・梅雨空のうっとうしいころとなりました

七月↓盛夏の候・猛暑の候・厳しい暑さが続いております・梅雨もあけて炎暑たえがたい日々でございます

八月↓晩夏の候・残暑の候・虫の音に秋の気配が感じられるようになりました・日中は今なお厳しい暑さが続いております

九月↓初秋の候・秋涼の候・菊の便りも聞かれるころとなりました・朝晩はめっきり秋めいてしのぎやすくなりました

十月↓秋冷の候・清秋の候・大空も高く澄み切ってまいりました・日増しに秋も深まってまいりました

十一月↓晩秋の候・向寒の候・晩秋とも思えぬ小春日和が続いております・朝夕の冷え込みもひときわ強くなりました

十二月↓寒冷の候・初冬の候・寒さも一段と厳しくなりました・寒さもひとしお身にしみるころとなりました

安否の挨拶　その次には、安否の挨拶を書く。先に、相手側について安否をたずねる。ふつう、「皆々さまには、その後お変わりなくお過ごしのことと存じます」というように、よい推測を述べる形で記す。その後、自分側の様子を述べる。

〈「安否の挨拶」の例〉

＊相手の安否

・いよいよご健勝のこととお慶び申し上げます

・お元気でますますご活躍のこととお慶び申し上げます

・貴社ますますご隆盛の段、心よりお喜び申し上げます

＊自分の安否（感謝、お詫びの挨拶とすることもある）

・おかげさまで大過なく過ごしております
・なお、当方相変わらず元気に勤務いたしておりますので、ご休心のほどお願い申しあげます
・おかげさまで私どもも元気にしております
・日ごろは何かとお世話になっており、心より深謝申し上げます
・その後のご無沙汰、心よりお詫び申し上げます

なお、人の紹介を得て、面識のない人に初めて手紙を書くときは、時候の挨拶や安否を問うことを省略することが多い。頭語の後、代わりに、次のように書く。

〈挨拶の例〉

・突然お手紙を差し上げます失礼をお許し下さい
・初めてお手紙を書かせていただきます

これに、「○○様からご紹介いただきました＊＊大学四年の□□□□と申します。」「同封のような紹介状をいただきました□□□□でございます。」などと続ける。

返信の場合も、頭語の後、たとえば、次のように書く。

〈挨拶の例〉

・早速ご返事を差し上げねばならぬところ、雑事に追われて延び延びとなり、申し訳ございません
・昨日は、ご丁寧なお手紙、ありがとうございました

(2)　主文

続いて、主文を書く。手紙の用件を述べる最も重要な部分である。

起辞　前文から改行し、「さて」「実は」「ところで」「このたびは」といったことばによって書き始める。

用件　手紙の最も大切なところである。誤解の生じないように、正確に書くよう心がける。

(3)　末文

主文を書き終えたら、改行して終わりの挨拶を書く。

結びの挨拶　主文の内容によって、乱筆・悪文のお詫び、あるいは、迷惑のお詫びなどを述べる。

〈「お詫びのことば」の例〉

・以上、取り急ぎ乱筆悪文のため、お見苦しい点も多いかと存じますが、ご容赦のほどお願い申しあげます
・以上、お心に添えず、まことに心苦しく存じますが、ご寛容のほどお願い申しあげます

また、後日の約束や返信の請求、今後の愛顧なども、必要に応じてここで記す。

〈「今後の愛顧を願うことば」の例〉
・なお、今後ともご高配を賜りますようよろしくお願い申しあげます
・なお、引き続き倍旧のご厚情を賜りたく、切にお願い申しあげます
・今後ともなにとぞご指導のほどお願い申しあげます

末文に、とくに述べることがなければ、健康や繁栄を祈ることばを書く。

〈「健康や繁栄を祈ることば」の例〉
・気候不順の折から、ますますご自愛くださいますようお念じ申し上げます
・末筆ながら、ご健康を切にお祈り申し上げております
・時節柄、一層のご自愛ご発展をお祈りいたします
・末筆ながら、貴社のご隆盛をお祈り申し上げます

なお、漠然と伝言を頼みたいときには、「母からも御尊父様にくれぐれもよろしくと申しております」「いろいろお世話になった皆様にもよろしくお伝えくださいますようお願い申しあげます」などと添える。

要旨をまとめることば　最後に主文の要旨をまとめる。用件が何であったかを明確にするもので、できるだけ書いておきたい。ただし、年賀状、暑中見舞い、絵はがきなどには不要である。

〈「要旨をまとめることば」の例〉
・まずは右、略儀ながらお礼のみ申し上げます
・まずは、書中をもちましてお礼かたがたご報告を申し上げます
・右、取り急ぎご連絡まで

結語　頭語に対応するものを選んで、末文の最後の行の下一字分程度あける位置に記す。余白がなければ、次の行の下

に書く。「敬具」が一般的であるが、丁重な場合は、特に「敬白」「謹言」なども書く。また、簡略な場合（頭語が「前略」などの手紙）は、「草々」「不一」などを用いる。

なお、年賀状、暑中見舞い、死亡通知など、頭語を付けないものには結語も付けない。

〈「結語」の例〉

普通の場合　敬具
丁重な場合　敬白、謹言
簡略の場合　草々、早々、不一

(4)　後付け

手紙は、いつ、誰が、誰に宛てて書いたのかを、はっきりさせておく必要がある。

日付　末文から改行し、上から二、三字下げて書き始める。縦書きの場合、数字は、基本的には漢数字を用いる。字は、小さめにする。ふつう月日のみを書く。丁重な場合など必要に応じて、元号年、西暦年を加える。

差出人署名　日付から改行し、行の下方部分に下一字分程度あけるよう姓名を書く。字は小さめにする。ワープロ作成の手紙でも、ここは、フルネームを直筆で署名する。署名に独特なサインなどを用いるときは、ワープロで氏名まで書いておいてから、サインすることもある。

宛名（受取人氏名）　差出人署名から改行し、宛名を書く。姓のみ書いて敬意を示すこともないわけではないが、一般には姓名（フルネーム）を書く。差出人署名よりも大きめの字で、上から一字分程度下げて書き始める。これも、常に直筆にするのが慣例である。ただし、ビジネスレターなどでは、ワープロ書きも増えつつある。

敬称　宛名に付ける敬称は「様」が一般的である。ほかに、「殿」「先生」「各位」などがある。ただし、私信（個人的な手紙）では、目上の人には「殿」は用いない。「各位」は、多人数に宛てて出す事務的な手紙で宛名の個人名を省略するときで、「会員各位」などとする。宛名が、人名でなく組織、団体の名称であるときは、「御中」を用いる。

(5)　副文

後付けのあとに、「追伸」として、書き落とした追加の用件などを書くことがある。目上の人に宛てるような改まった手紙では、書かないならわしである。

(6)　レイアウト

受取人が読みやすいよう、また、その人に対して失礼にならないように、レイアウトを整える。

まず、字配りに注意する。行の上が尊く、下が卑しいとされるので、相手に関わる言葉（「御」「尊」「貴」「先生」「あなた」など）は、行末には書かない。行頭に、助詞、助動詞、自分に関係する言葉（「私」「拙宅」など）を書かないように、文字の配置を合わせる。誤解されたり、失礼になったりしないように、人名、地名、熟語、金額、日付などが、二行にわたらないようにする。後付けも、それぞれを書く位置に注意する。便箋の二枚目の文面が、後付けだけということにならないようにする。

次に、段落の際に、改行して、行頭を一字下げにするか、下げないで揃えるかは、どちらでもよい。手紙では、本文の行頭は、すべて揃える（頭を揃える）のがむしろ習慣である。逆に、行末は、字配りを考慮して文字の配置を調節するため、多少そろわなくても構わない。

【問15】

(7)　手紙のマナー

手紙は、ワープロで書いてもよいが、事務的な感じを与えやすく、手書きの方が心のこもった新鮮な印象で好感を持たれることがある。手書きの場合は、字は、上手下手よりも、いかに丁寧に書かれているかが重要である。とにかく、誤字や脱字がないよう細心の注意を払い、一字一字丁寧に書こう。

また、手紙は、用件を記した書類としての役目を持つこともある。訂正や修正のあとのないものを送るようにする。筆記具は、消しゴムで消せるようなもの（鉛筆）などは避ける。毛筆は、現在では、年賀状などを除き、あまり使われなくなった。通常は、ペンまたは万年筆を使うことが多く、インクは、ブラックかブルーブラックにする。ボールペンは、とくに改まった私信では避けたほうが無難である。

便箋、封筒も、手紙の内容と、受け取る人にふさわしいものを選ぶ。便箋は、封筒に合わせて折り入れる。最も一般的なサイズの便箋と和封筒では、便箋は三つ折りにして封筒に入れる。封は、のり付けが正式である。改まった手紙は、セロテープを使って封をしてはいけない。封をしたら、封じ目の中央で上下にまたがるように、「〆」「封」「緘」などと書く。

〈手紙〉

拝啓
例年になく厳しい暑さが続いておりますが、
先生には、お変わりなくお過ごしのことと存じ
上げます。
このたびの教育実習では、ひとかたならぬご指導を
いただき、心よりお礼申し上げます。おかげさまで、
現場の厳しさも体験でき、大変勉強になりました。
かなり疲れましたが、子どもたちの元気な姿、澄んだ
瞳に接し、ますます教師になりたいという気持ちを
強くいたしました。大学に戻りまして、卒業までの
日々を勉学に全力を尽くして頑張りたいと存じて
おります。どうぞ、今後ともよろしくご指導のほど
お願い申し上げます。
時節柄、くれぐれもご自愛ください。いろいろ
お世話になった皆様にもよろしくお伝え下さる
ようお願い申し上げます。
まずは、書面をもちましてお礼申し上げます。
敬具

七月三十日

佐藤ゆうき

鈴木太郎先生

なお、切手は、逆さになったり、傾いたりしないように注意して貼る。また、特別に返信を求めるようなときは、宛先を記入して切手を貼った返信用の封筒を同封し、これを利用して返信をお願いする旨を本文に書き添えておく。

(8)　封筒の表書きなど

封筒には、宛先の郵便番号、住所、宛名、差出人の郵便番号、住所、氏名のどれも、書き漏らさないように注意する。書き方、レイアウトなどは、和封筒か、洋封筒か、縦書きか横書きかなどで違う。

たとえば、標準的な和封筒・縦書きの場合、表側の上方に宛先の郵便番号を算用数字で横書きし、住所はそのやや下、中央より右側に寄せて書く。一行に書ききれないときは、次の行にわたって良い。番地の数字、部屋番号などは、縦書きなので、基本的には漢数字で書くが、読みづらい並びの場合はその限りでなく、算用数字を使って読みやすくする。宛名は、中央に、右の住所よりやや低い位置から書き始め、住所より大きめの字で書く。敬称は、手紙の後付けに書いたものと同じものにする。なお、返信用の封筒が同封されているときの書き方は、後述の往復はがきの返信のしかたに準ずる。

差出人の住所、氏名は、裏側中央の張り合わせ目の右側に住所、左側に氏名を書く。左側にまとめて住所と氏名を書いてもよい。郵便番号は、表側の宛先の場合と同じように、住所、氏名の上方に算用数字で書くことが多いが、下方に横書きすることもある。郵便番号欄が、左側に印刷してある封筒も多く、その場合には、左側に住所と氏名もよせて書くことになる。なお、上方に、差し出し日付を書くこともある。

3　はがき

はがきは、かつては手紙の簡単で手軽な代用として広く用いられた。しかし、今では、かなり用途が狭まってきており、主に、年賀状、暑中見舞いなどの挨拶状や見舞い状、各種の案内状などに用いる。なかでも、往復はがきは、出欠などの返信を依頼でき、パーティや同窓会など各種会合の案内や、その他の問い合わせなどに便利である。また、挨拶状などでは、絵や写真を添えて、非言語的な表現に配慮することもある。ただ、はがきは、封入されておらず、文面が他人でも読み取れる状態の書簡なので、プライバシーに関わることや、重要な内容を書くことはしない。また、丁重な書簡としたいときは、はがきは使わないで、正式な手紙を書く。

はがきのスタイルは、全般的に手紙に準じて書けばよいが、手紙に比べて紙面が制約されているので、簡略に書く。宛名は、表書きの宛先で代用して、後付けとしては書かないことが多い。はがきでは、差出人の住所、氏名なども、表側の左隅に書かれるので、後付けの差出人氏名もこれで代用してよい。日付も、表側に書き添えてよい。

往復はがきの返信の書き方も大体同じだが、あらかじめ返信内容の要点（出欠など）や返信用の宛先が書かれていることが多いので、出欠についての返信を求めるものを例に説明する。これは、たとえ欠席であっても、特別な事情のない限り、期日までに必ず返信するべきである。

まず、返信用部分を切り取り、出席か欠席かの返事を書く。その際は、たとえば、出席の場合、通例、「出席」を丸で囲み、「ご出席」の「ご」と「ご欠席」を二重線で消す。さらに、「出席」に続けて、「いたします」「させていただきます」などと書いて文にするのが、丁寧な書き方である。あいているところに、簡単なメッセージを書くとなお良いが、特に欠席の場合は、欠席理由などを手短に書き添えるのが普通である。「ご住所」の「ご」は二重線で消して、自分の住所を記入する。「お名前」または「ご芳名」のところは、「お」や「ご芳」を消して、自分の氏名を書く。

次に、宛先氏名の下部に「宛」「行」が書いてあるときには、それを消して、その側に、「様」「御中」などの敬称を書き入れる。なお、宛先住所に、「○○方」とある場合は、吹き出しで「様」を書き込み、「○○様方」とする。宛先住所が、○○さんの住所だということである。

4　電子メール、ファクシミリ、電報

利用者が急激に増加している最近の書簡が電子メール（Eメール）である。電話のスピードで、先方に手紙が届くものと考えてよい。書簡の持つ長所と、電話の持つ長所を結びつけたものである。返信も、ソフトの開発により、きわめてスピーディに行えるようになっている。

電子メールも書簡の一種なので、手紙について必要とされるような配慮は、一般に大切である。受信者に読みやすいよう、失礼にならないよう配慮することは、当然必要である。ただ、様式については、まだ、歴史が浅いため、しっかりと定まったものができあがっていない。いずれ、手紙らしさと迅速さという用途に合った合理的なスタイルが選ばれ、一定してくると予想される。

なお、コンピューター環境によっては、今のところ、先方にきちんと着信し受信されたかどうかが、送信者に確認でき

ないことがある。受信者は、そうした場合も配慮し、きわめて重要な用件などを伝えるものについては、とくに受信したという返信を送るとよい。

ファクシミリ（ファックス）による通信も、書簡の長所と電話のスピーディさを結びつけたものである。書簡や書類などの電子コピーが、先方に電送される。書類を送るときも、それだけを送らず、失礼にならないよう送り状を付けるなど、発信元、受信先や用件を明らかにする配慮が必要である。

電報も、迅速に配達される書簡である。電子メールやファクシミリのように、相手方に、特定の受信環境が整っていることは必要ないというのが特長である。ただ、今では、祝電、弔電など、内容までほぼ定型化された儀礼的な場面でしか、ほとんど利用されなくなっている。

〈和封筒〉

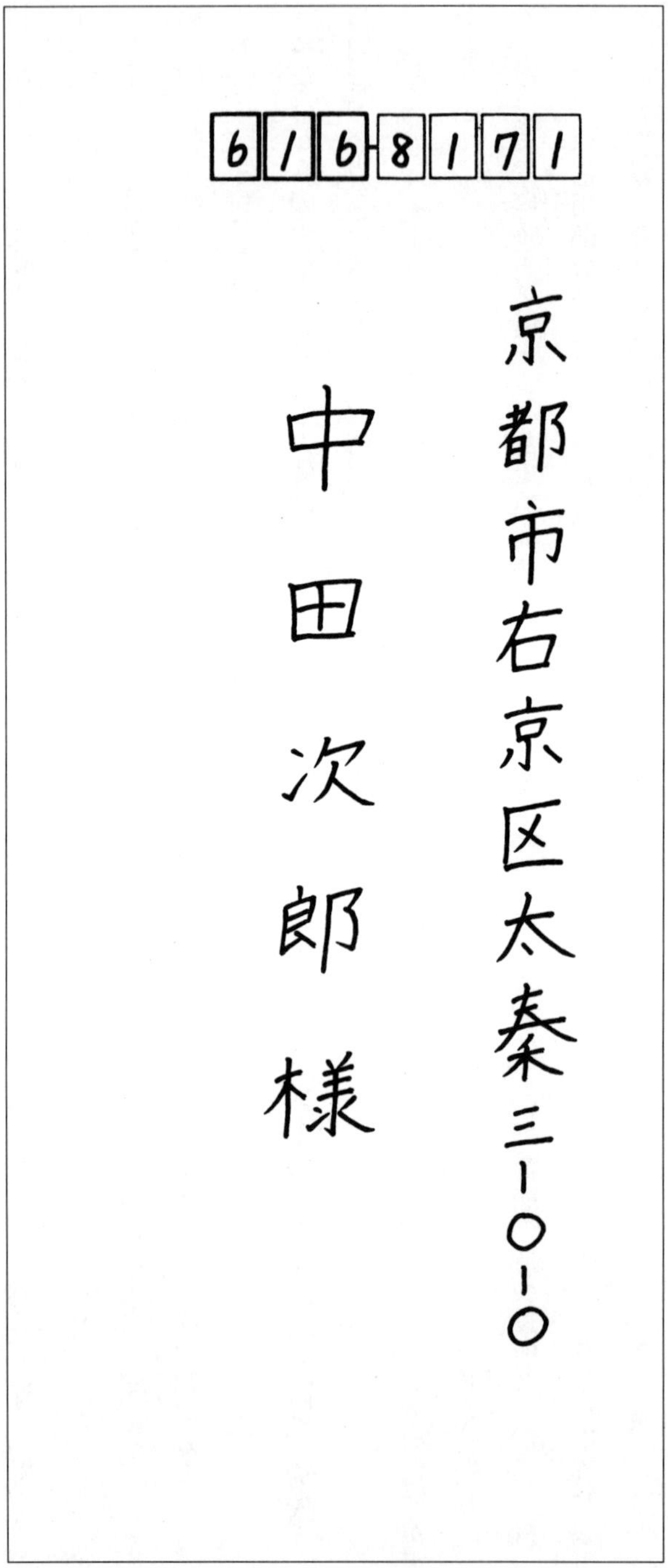

封
名古屋市熱田区
熱田西二一〇
松本春子
4560036

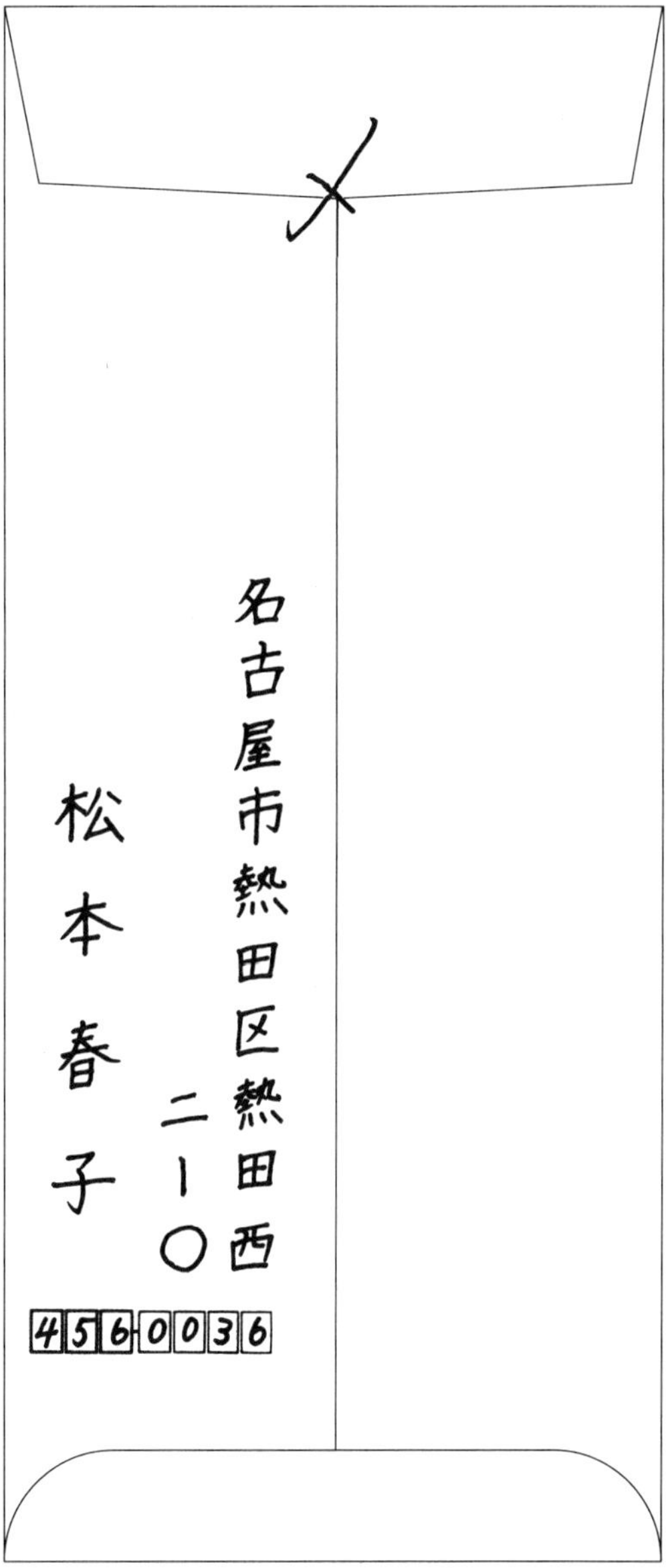
〆
名古屋市熱田区熱田西
二一〇
松本春子
4560036

〈はがき〉

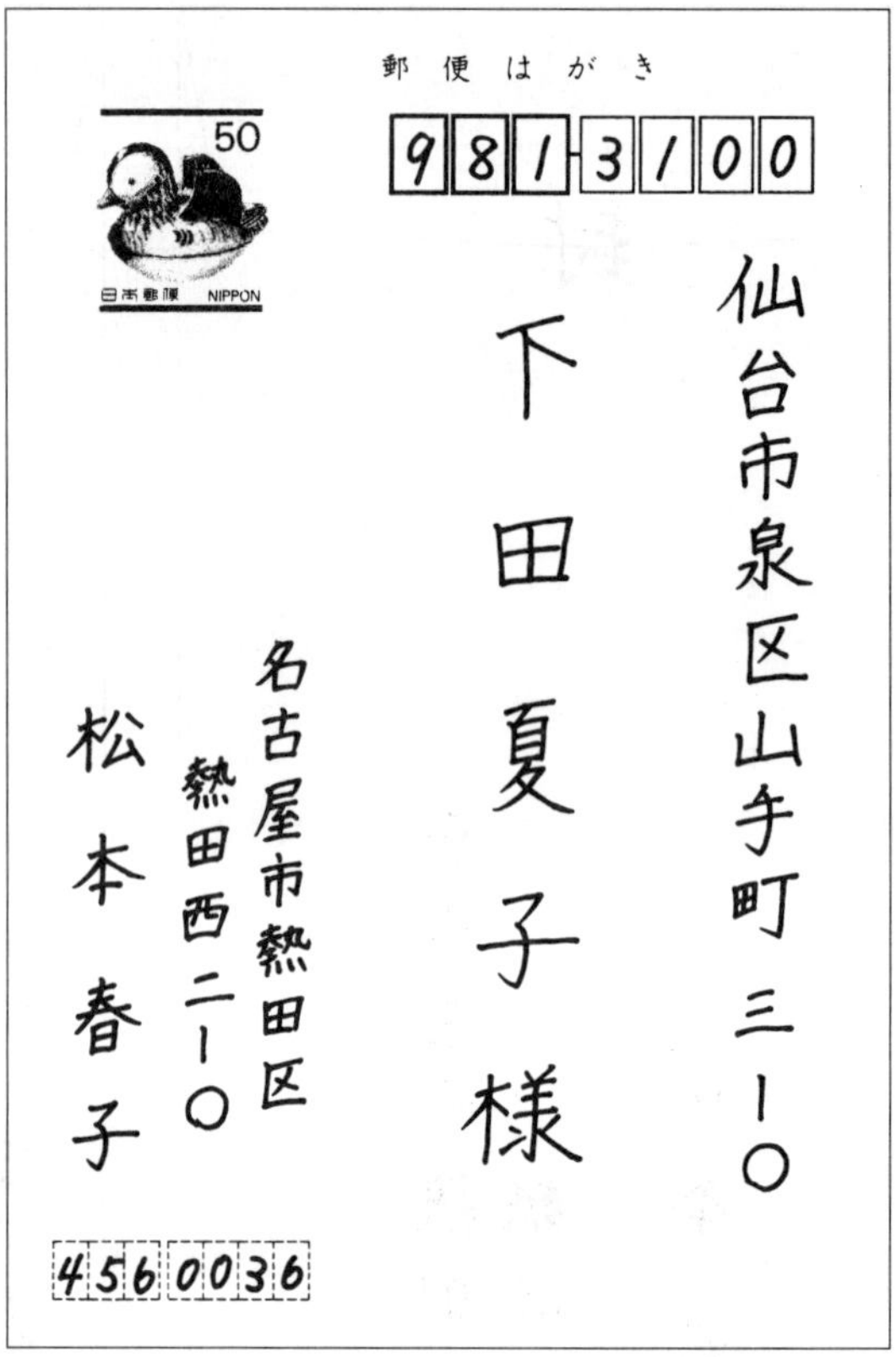

〈往復はがきの返信〉

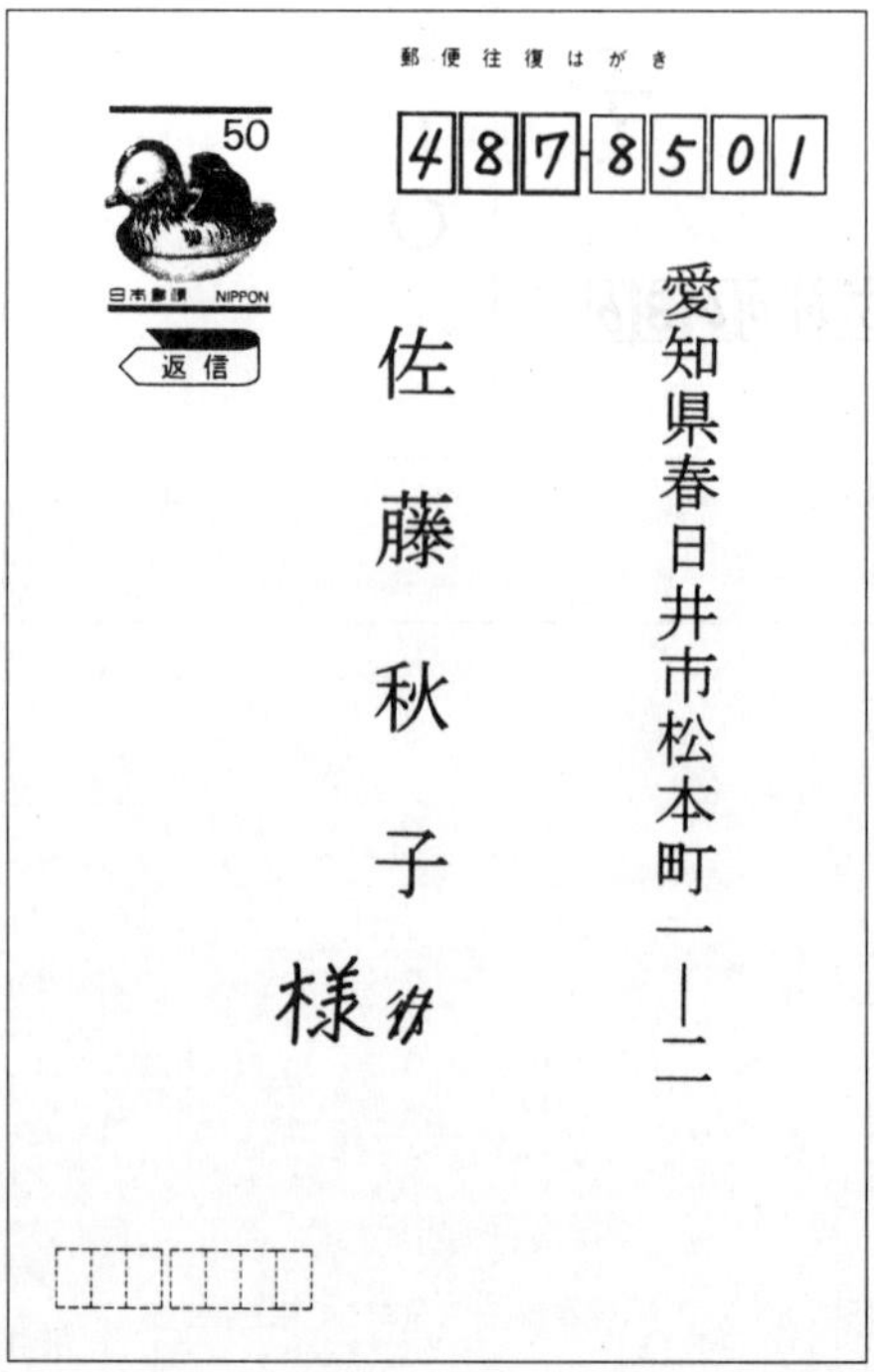

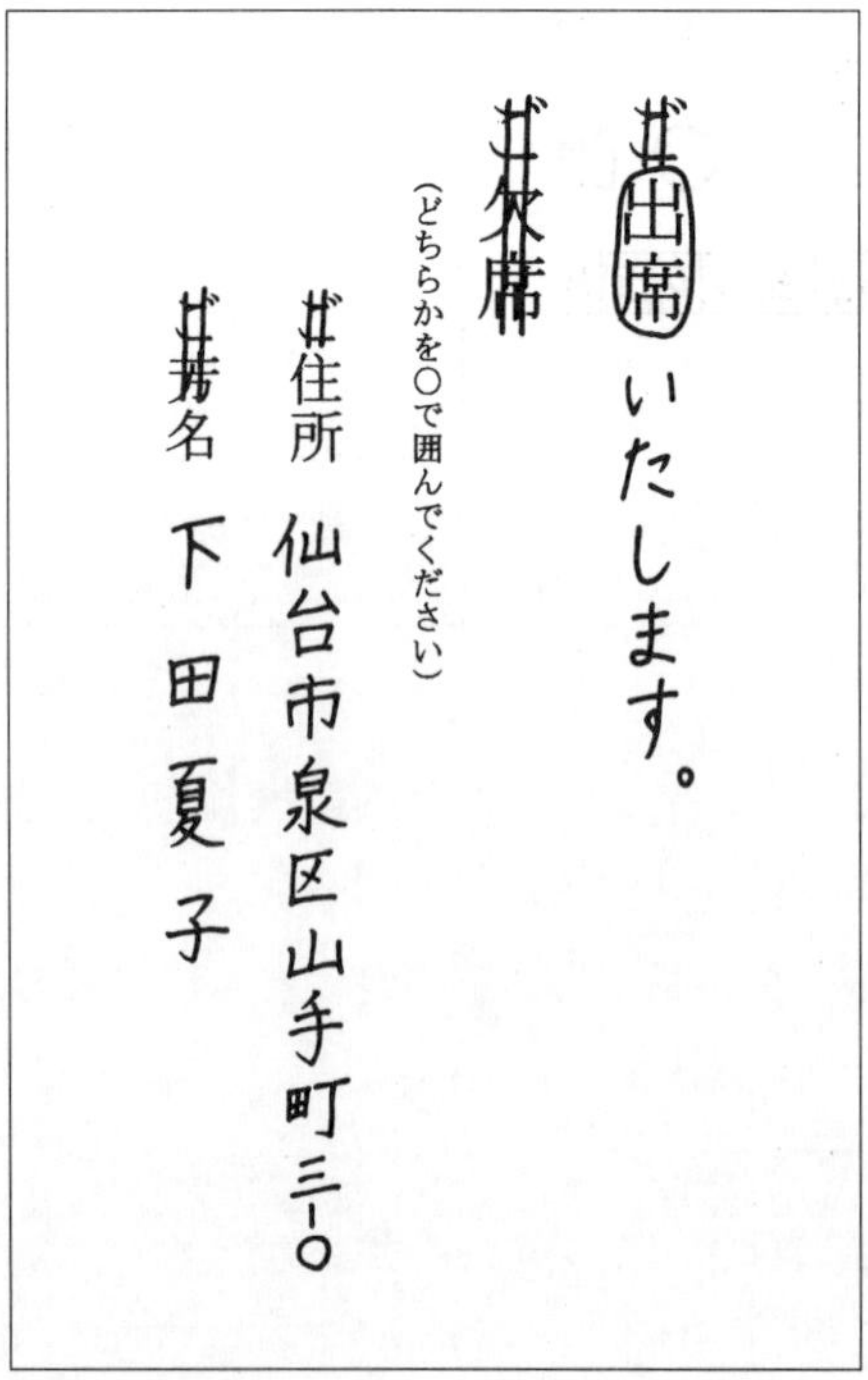

履　歴　書

平成 13年 6月 1 日 現在

写真をはる位置
(30㎜×40㎜)

ふりがな	さとう　あきこ	印	性別
氏　名	佐藤 秋子		女
生年月日	昭和 54 年 5 月 5 日 生　(満 22 才)		

ふりがな	あいちけん かすがいし まつもとちょう	電話番号
現住所	〒487-8501 愛知県春日井市松本町1-2	(0568) 12 - 3456
ふりがな		電話番号
休暇中の連絡先	〒	(　　　) -

年号	年	月	学　歴・職　歴
			学　歴
平成	7	3	愛知県春日井市立東西中学校卒業
平成	7	4	愛知県立松本高等学校普通科入学
平成	10	3	愛知県立松本高等学校普通科卒業
平成	10	4	春日井大学人文学部人文学科入学
平成	14	3	春日井大学人文学部人文学科卒業見込み
			職歴
			なし
			以上

(注) 黒または青インク、楷書、算用数字を使用

二　書　類

1　履歴書

履歴書は、その提出者の基本情報（氏名、性別、生年月日、住所など）と提出日までの経歴（学歴、職歴など）を、提出先に伝達する書面である。書式の指定がない場合は、必要事項が残らず書いてあれば足りるが、通例は、市販の履歴書用紙（標準書式）を利用して書くことが多い。提出先が指定する様式のあるときは、それに従う。ここでは、市販の用紙を念頭に、その記入のしかたを中心に述べる。

履歴書には、通例、押印が必要であり、そのような場合、印影がかすれたり傾いたりしたものは、提出を避ける。市販の用紙を利用するときは、まず、印鑑を押し、きれいに押せた用紙に書くとよい。写真を貼る必要があるときも多いので、きちんとした服装をして写真館で撮影したものを、あらかじめ何枚か用意しておく。写真は、すでに書き上がったものに貼る。

自筆で書くことが求められていることも多い。手書きの場合は、ブラックまたはブルーブラックのインクを使い、ペンまたは万年筆で書く。一字一字楷書で丁寧に書き、文字の大きさ、並びをそろえるようにする。年月日は、西暦ではなく、「平成」などの元号を使って書くことが多い。市販の用紙のように横書きの場合、数字は、固有名詞以外は算用数字を用いる。必要事項を書き漏らさない。原則として訂正や修正があってはいけない。誤字脱字など訂正箇所ができてしまったものは、もう一度最初から書き直すようにする。

学歴・職歴欄は、学歴と職歴をそれぞれまとめて書く。まず学歴から書く。記入欄の最初の行の中央に「学歴」と書き、次の行から具体的に書いていく。ふつうは、中学校卒業から書き始めればよいが、学校名は正式な名称にする。予備校は書かない。職歴は、学歴をすべて書いた後、次の行の中央に「職歴」として書き始める。次の行から具体的に書くが、アルバイトのようなものは含めない。未だ就職したことがなく、何も職歴が無い場合は、「なし」と書くだけでよい。学歴・職歴を記入した後、次の行の末尾寄りに、「以上」と書く。

市販の履歴書用紙には、身上書の様式も一体となっているものが多い。免許・資格を書くときは、正式名称を記入し、「取得」「合格」などと添える。家族は、生計が同じである単身赴任中の親や下宿して大学に通っている兄弟なども含め、同居の家族を書く。ふつう、父母、兄弟姉妹、祖父母の順で書く。志望の動機の欄は、志望する企業などの特徴と自分の志向、適性が合致した点を、簡潔にまとめて書く。

就職活動の際などは、履歴書は、急に求められることもあるので、余裕のあるときに書いておく。日付は空欄にしておいて、提出する日に忘れず記入する。会社説明会、会社訪問などの時にも用意して行くとよい。郵送するときは、折らないで入るぴったりの封筒を使い、送り状を添えて送る。

2 申請書、届出書、報告書など

さまざまな官庁、機関などに、各種の申請（戸籍謄本や住民票の発行願い、旅券申請、保険金の支払い請求など）や届出（婚姻届、出生届、欠席・欠勤届など）をする場合、誤りの防止や、記録の便宜などから、書面によることを求められることが多い。このような文書については、多くは、提出先において定められた様式があるので、これに従い、記入漏れの無いように書く。不備があって「無効」とならないように注意する。押印、その他の書き方は、履歴書に準じて書けば、たいていの場合、間に合う。横書きの場合は、やはり、数字は、算用数字で書く。提出に期日があるものについては、遅れないように間に合わせる。

なお、官庁などの事務処理・執務上の便宜等のため、個人が体験した事実や知識について、報告し情報を提供する書面（報告書）を提出することがある（上申書、顛末書、始末書、鑑定書など）。このような文書については、定められた様式がないことが多いが、特定の効果と直結していないものの、必要に応じた不定型の届出の一種であるから、要点を漏らさないように、また、誤解が生じないように、細心の注意を払う必要がある。ワープロで書いても構わないが、ふつう、氏名は自筆で書いて押印する。

三　メモ、記録など

1 メモ、備忘録

メモ、備忘録は、記憶が曖昧になったり、忘れたときに備えて、内容の要点を書きとめておく、簡単な覚え書である。さまざまな作業をする中で、忘れずに処理しなければならないことなどは、メモをとり、それを参照しながら作業することによって、確実に処理できるようになり、失敗を防ぐことができる。また、メモは、自分ばかりでなく、他人が失念する場合の備えとなることもある。相手方に簡単なメモを渡して、用件を伝え、手軽に用を済ませることもできる。

メモも、きちんととることを心がけたい。たとえば、電話を受けたとき、その場での取り決めや確認は必ずメモするとよい。間違いが避けられるだけでなく、他への伝達もスムーズにできる。簡単なメモだからといって、走り書きであったりすると、受取人が読みづらいので、配慮が必要である。用件も、誤解が生じないよう、ポイントとなる必要事項を書き漏らさないようにする。

2　日記、日誌

日記、日誌は、毎日の出来事や感想などを記したものである。まったくプライベートな日常を記録するような日記もあるが、事業に関して必要となる伝達用・保存用の記録とするものが多い。たとえば、人員交替の際に無理なく交替できるよう、作業内容・状況を伝えるために用いる。事務が正しく処理されたことを、後に点検できるように、記録・保存するために、日誌の記帳が求められる場合もある。また、過去にあった出来事と類似のことに直面したとき、その記録をたどって対応を考えたりするようなときにも用いる。方針の決定、事業のすすめ方などを左右する基本資料ともなる。

こうした文書は、役割に合うように事実に沿って、簡潔に過不足なく書きたい。職場などでは、様式の決まったノート類が用意されていることも多い。

四　小論文

小論文とは、あるテーマに関する知識をもとに、意見、主張を短くまとめたものである。書き手のこれまでの蓄積された知識、思考力、表現力などを、総合的に知るのに適切な方法として、課題の形で課されることが多い。書き手は、基本的な知識をはじめ、各種の能力を読み手から試されていることを自覚し、能力の存在を明確に伝え、印象づけるよう努める。

また、課題レポートも、基本的に同類のものであるが、知識を整理して表現する方に多少比重がある。

なお、本格的な学術論文・レポートについては、それぞれの学術分野において、書き方にかなりの違いがみられる。適切なものを書くためには、各分野に応じた専門的指導を受ける必要がある。

ここでは、標準的な小論文の書き方について、要点を説明するにとどめる。何はともあれ、文章表現の実力が最も表に出やすいので、「第三章　書くための基礎」をしっかり学習し、実力を養うことが大切である。自分の文章は、自分でできる限り直せるように練習しておきたい。

1　テーマと論旨

テーマとずれないように論じる。とくにテーマが与えられたものであるときは、自分の関心に引き寄せすぎるなど、ずれやすいので注意する。論理の展開をすっきりさせ、論旨(何がいいたいのか)がはっきり分かるようにする。

字数制限がある場合は、その範囲内に収める。字数に応じて、不必要な前置きを書かない、端的に表現するなど、できる限り記述の無駄を省くよう心がける。それにより、かえって論旨を明確にできることも多い。漢字を多用したり、逆に平仮名を多用したりして、字数を調整するのは、好ましくない。

構成は、テーマと論旨に応じて工夫するが、多くは、序論・本論・結論の三段階構成にすると書きやすい。なお、結論を書くに至って、序論との微妙な食い違いに気付くことがある。そんなときは、もう一度、序論からの筋に合わせて結論を導くよう書き直すか、結論に合うよう序論を書き直すかして、論旨を一貫させる。

本論では、できるだけ具体例を挙げて、説得力を持たせる。論旨を導くのに必要な知識や情報も、きちんと提示しておくのが望ましい。また、独りよがりとの印象を与えないよう、自分の意見、主張に対する反論を想定し、それに対する回答も書いておきたい。

2　注意点

① 文末は、一般に常体とし、統一する。

② 誤字脱字の無いようにする。辞典を使用できるときは、大いに利用する。

③ 内容の転換に応じて、適宜、段落を設ける。途中に段落が無く、一気に全文を書き連ねたものは、読み手が読みづらいし、論旨が整理されているとの印象を与えにくい。

④ 句読点も、適宜つける。読点は、文中の切れ目などに用い、読みやすく意味がわかりやすいようにするものである。句点は、一文の終わりに付ける。

一文一文を短く書くよう心がける。すでに述べたように、一文の長さは、できれば六〇字までを限度にするつもりで書くと、わかりやすく書けることが多い。

⑤ 時間に余裕があれば、下書きのうえ、推敲し、清書したものを提出したい。
⑥ 升目のある用紙を使用して書くときは、原稿用紙を使用する際の基本的なルールを守る。
⑦ 同じような表現を繰り返し使わない。単調で、稚拙な印象を与えやすい。たとえば、「感慨ひとしお」といったうまみのある言い回しも多用すると、うっとうしく感じられることもある。
⑧ 逆接を繰り返さない。逆接を繰り返すと、何が言いたいのか分からなくなる。

3 引用の仕方

参考文献の中の記述を小論文中にそのまま引用しながら、論を進める書き方がある。この場合、引用される記述が短いときは、「　」でくくって引用する。長文の時は、改行したうえ、全行にわたって本文より二字分下げた状態で引用箇所を書き写す。いずれも、注記の形を取るなどして、出典の詳細（著者名、書名、出版社、出版年、頁など）が分かるようにする。自分の整理や意見などを述べる部分と引用文とを、はっきり区別できるように書くことは重要である。

なお、当然のことであるが、いろいろな文献からの引用をつぎはぎにするだけではいけない。引用の基本は、実例を挙げて証明することであるから、その例を用いて説明しようとする自分の考え方と説明の手順が、はっきり書かれていなければならない。自分のことばで論を進めているときも、参照した文献や参照してほしい文献があれば、その箇所を右に準じて注記する。

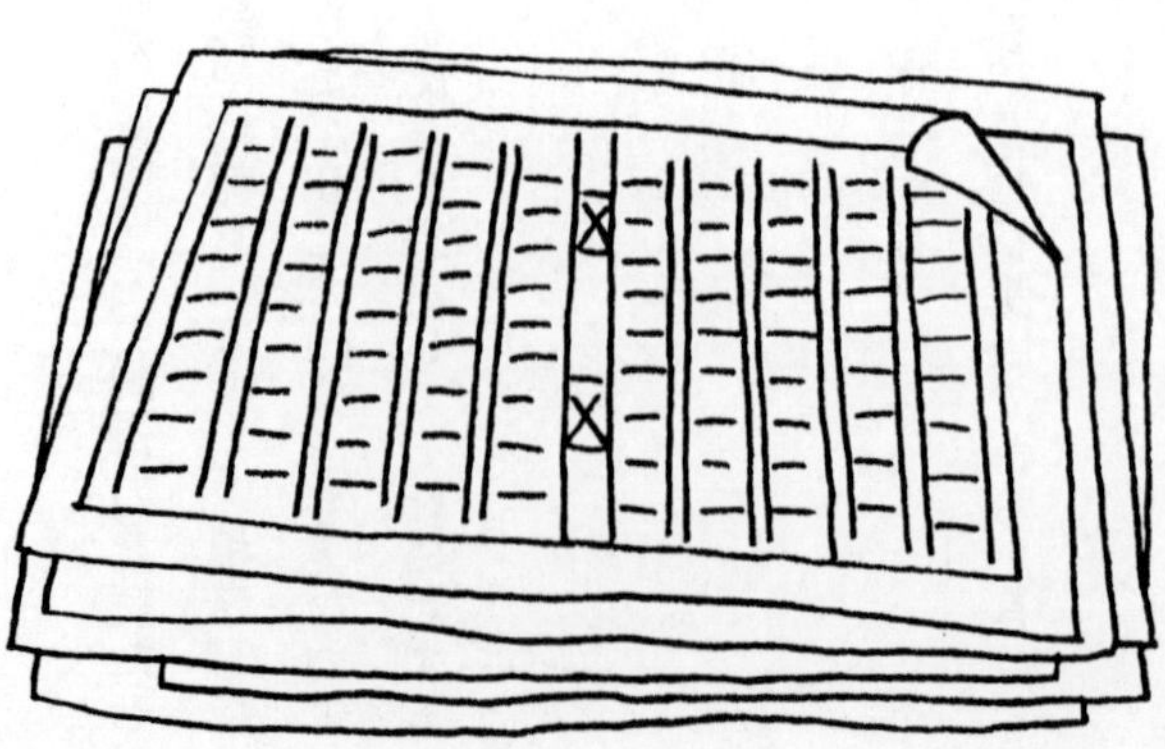

第三部

話すことで表現する

第一章　話すということ

仲間とのおしゃべりはとても楽しい。ところが、改まって人前で話したり、仕事上の交渉場面で話したりするということになると、ちょっと難しいと感じる人は多い。ここでは、主に、そういう場面での話し方を念頭において、「話す」という表現のしかたについて考えてみよう。

一　「話すこと」の特徴

「話すこと」は、これまでみてきた「書くこと」とは、当然、表現のしかたが違っている。「書く」場合、書き手は、完成までにことばを十分吟味し、推敲することができるので、表現の間違いをかなり防ぐことができる。また、書いたものは残り、読者は、分からなければ何度も読み返して理解しようとすることもできる。だが、ふつう、書き手は、読者が読んでいるところに居合わせ、読者の反応を直接知り、それに合わせて内容を変更しつつ、瞬時に書き進めるということはない。

ところが、「話す」場合、話し手は、一般に、身ぶり、表情などを補助的に利用しながら、聞き手の反応に合わせて話を進めることができる。聞き手の反応、態度によって、全部言い切らなかったり、話の筋を変えてみたりする。相手によく伝わっていないと思えば、ことばを補ったり、繰り返したりできる。とっさの反応、対応ができるのである。だが、音声は一旦発せられた以上、訂正がきかないから、「失言」も、そのまま聞かれてしまうことになる。「話」は、しまったと思ってから、話さなかったことにはできないのである。また、音声はすぐ消えてしまうので、聞き手は、分からなかった部分を何度も繰り返し聞くということは、録音でもなければ難しい。

二　「話す」ために

このように、「話す」という表現のしかたは、「書く」という表現のしかたとは、対蹠的な特徴を持っている。ゆたかな表現とコミュニケーションのためには、その特徴にあった表現方法を探すことが大切である。たとえば、「話すこと」は、「書くこと」よりもその場は労力が少ないので取っつきやすいが、ゆたかなコミュニケーションのためには、何度も聞き直せない聞き手に、すぐに簡単に分かってもらえるように、別の努力と工夫をしなければならないだろう。また、できるだけ失言などをしないような注意と準備も必要である。このように、「話すこと」の特徴を踏まえて話し方を工夫し、よりすてきに話せるようになりたい。

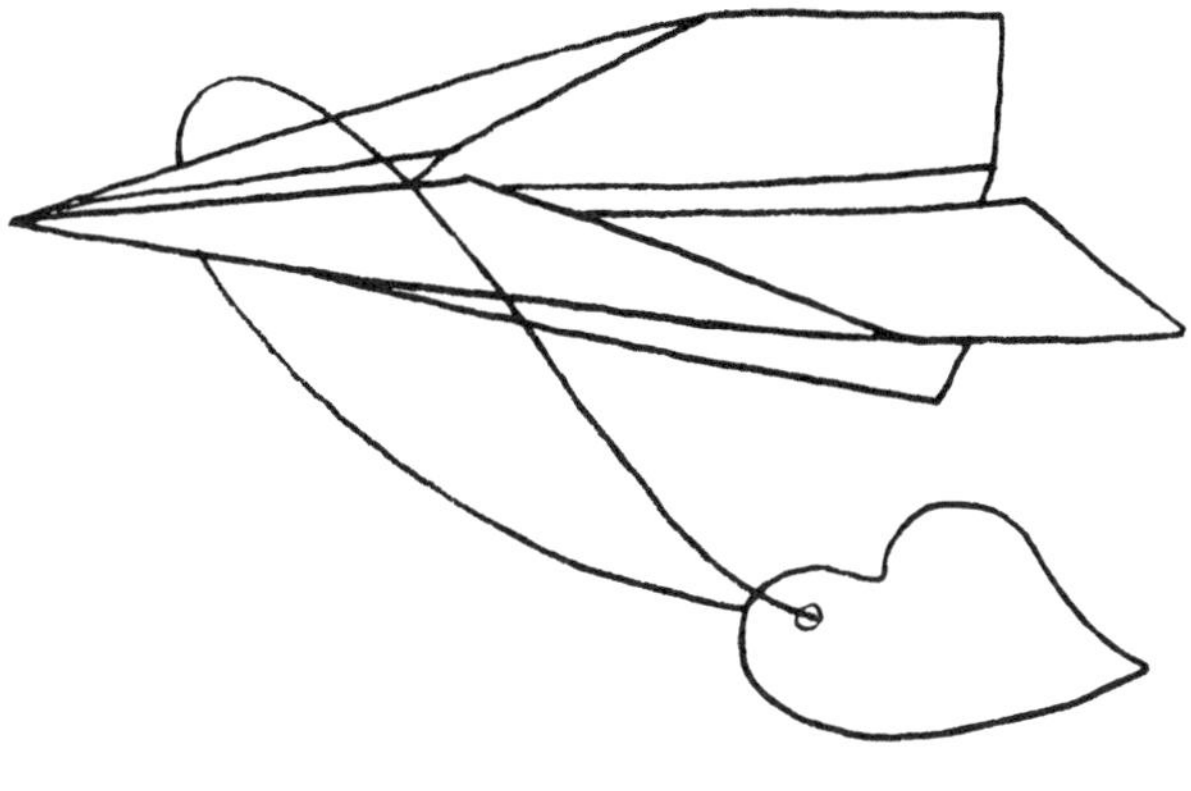

第二章　話し方の工夫

一　話す前に

まず、話し始める前に三つの準備をしよう。

(a)　話す目的、意図をはっきりさせる。
(b)　何を伝えたいのか、話の主題を整理する。
(c)　主題を伝えるために、どんな話しことばで、どんな論理（筋道）を立てて話すかを決める。

何のために話すのか、話すことで、何を相手に伝えたいのか、自分なりに、はっきり分かった後で話すようにしよう。分からないまま話したのでは、聞き手にも、何の話だったのか分かるはずはない。

「話す」場合も、文章を書くときと同じで、筋道を立てることが大切である。余りあちこちに話が飛んだり、筋道からそれて話したりしたら、聞き手は、話についていけなくなり、聞く気もなくなってしまう。筋がしっかりした話であれば、聞き手にわかりやすく、話し手は、内容をきちんと伝達できるのである。

二　話し方のポイント

話すという事を通して、何かを伝えるのであるから、その目的が達せられるように工夫する必要がある。

ポイント1　結論、要点から話そう。

文章を書くときのように、序論、本論、結論というような順序で話していくと、「話」は、だらだらして締まりがなくなってしまうことがある。そんなとき、聞き手は、話がどうなっていくのか見当がつかず、いらいらし、落ち着かない。相手を不快にさせず、積極的に話を聞いてもらうためには、最初に結論や要点をわかりやすく話しておきたい。

ポイント2　簡潔に話そう。

たくさんのことを話さなければならないときがある。そんなとき、一度にいろいろな情報を詰め込んで話したくなるが、情報が多すぎると、聞き手には、かえって分かりにくくなる。適当に短く話を区切ったり、重要なことを先に話して聞き手の反応を見ながら、後の情報を加えていくと良いだろう。また、内容をいくつかに分けて話すような工夫をするのも良い。

ただ、情報を減らして、短くまとめすぎるのも注意しなければならない。省略しすぎると、聞き手に誤解されることもあるからである。

なお、話し始めの言い訳なども、話をすっきりしないものにしてしまうので、できるだけ避けたい。「大急ぎでまとめましたので、準備も不十分で、お聞き苦しい点もあるかと思いますが」というような言い訳をしてから話すと、自分の気分が落ち着くならば、いけないとは言わない。しかし、これが、あまりに長く続くと、聞き手はうんざりしてしまう。できれば、ズバリ本題に入っていくようにしたい。無駄のない話は、聞き手に緊張感を与え、内容をより鮮明に伝えることができるものである。

ポイント3　よく聞こえるように話そう。

聞き間違われないように、よく聞こえるように話す。まずは、音声に注意する。日本語の音韻は、基本的に開母音であるから、口をしっかり開けて発声するよう心がける。また、日本語は、肯定、否定が文の終わりに決まるから、最後まではっきり聞き取れるように話す。声の大きさも、聞き手全員に聞こえるようにする。そのために、良い姿勢で話すことも大切である。

次に、話す速さや間にも注意する。聞きやすいのは、一分間に三百字程度の速さだといわれている。そこに、適度に間を取ることも上手な話をするコツである。「沈黙も話の一部だ」といわれるように、間は、文章における句読点のようなものである。

ポイント4　耳障りなことば癖はなくそう。

語尾の母音を延ばす「〜でぇ」「〜がぁ」というしゃべり方や、文尾を必ず「〜ですけれども」と続けるしゃべり方をする人がある。また、「あのー」や「えー」をしょっちゅう挟む人もある。このような癖は、聞き手には、聞き苦しい耳障りなものである。自分の話し方に癖がないかチェックし、耳障りになるようなものは直すとよい。この点、方言を使うのも要注意である。

ポイント5　聞いただけでは分かりにくいことばを、そのまま使うことは避けよう。

まず、漢語、とりわけ同音語、類音語は、聞いただけでは分かりにくい。漢語は、表意文字である漢字そのものが意味を示す役割を持っている。だから、文字を見れば簡単に意味が分かるものも、全く見ないで発音だけ聞いたのでは分からないことがある。また、同音語や類音語は、わからないどころか聞き間違いも起こす。日本では同音語がとても多く、判別は、アクセントやイントネーション、前後関係によって、巧みに行われている。たとえば、「ヘンタイ」も「変態」「変体」「編隊」などがあり、「セイタイ」となると、「生体」「生態」「声帯」「整体」「静態」「政体」などいくつもある。そうした中から、聞き手は、とっさにどれなのか判断しなければならず、誤解してしまう可能性も高いのである。類音語も、同じようなタイミングで使われると聞き違いしやすい。たとえば、ゲンジツ（現実）とゲンミツ（厳密）、ジキュウ（自給）とジュキュウ（需給）、ビョウイン（病院）とビヨウイン（美容院）、ブンショ（文書）とブンショウ（文章）などがそうである。

次に、略語や専門用語も、聞いただけでは分かりにくいことが多い。略語では、たとえば、時間短縮を時短（ジタン）、育児休業を育休（イクキュウ）などと言うが、それがなんの省略なのか知っていても音声だけでは分かりづらいことがあるし、まして何の省略か知らない人には全く訳の分からないことばということになる。どんなことばも、短く言って通じるなら短く言いたいという心理があるのだろうが、要注意である。

専門用語は、専門的な話をするときには、どうしても使わざるをえない。しかし、そうした分野についてよく知らない者には、やはり分からないことがありうる。うってつけの笑い話がある。ある医師が、「食間に飲んで下さい」と言って患者に薬を渡したところ、患者は、「何という面倒な飲み方だ」と思いながら、一口食べては薬を飲み、また一口食べては薬を飲んだというのだ。「食間」とは、医師にとっては分かり切った用語でも、それを知らない患者にとっては、「食事と食事の間に飲んで下さい」と丁寧に言ってほしかったということになる。

このように、一部の人にしか分からない可能性のあることばを使うときには、言い換えや説明を加えるといった配慮をすることが必要である。

また、外来語や外国語も、多用すると、聞き手が話についていけなくなるおそれがある。耳新しい外国語を使うと、印象的で良さそうだが、やや聞き取りにくい上に、聞き手の知らないことばであることも多い。たとえば、「ハイテク市場では、ネット・ユーザーの半数以上が、主要ウェブサイトのハッカー事件により、オンラインショッピングなどのネット利用について、自分のクレジットカード番号をネット上に送らないようにするという」と話した場合、どうだろうか。聞き手が、もし、どれか一つでも聞き取れなかったり分からなかったりしたら、正確に意味がとらえられなくなりそうである。

どのような人にも理解してもらうためには、話し手は、できれば、このような聞いただけでは分かりにくいことばを使うことは避けたい。やむを得ず使うときには、聞き手が理解しているかどうかを気遣いながら話を進めよう。

ポイント６　聞き手の反応に合わせて話そう。

話は、そのつど消えていくから、キーワードを聞き逃してしまったら、聞き手は、話についていけなくなる。いつも、聞き手の反応を見ながら、ある程度繰り返したり、補足したりする。

また、言葉遣いにも注意する。聞き手が、失礼だとか不愉快だと思うようでは、そもそも話を聞いてもらうことができなくなるだろう。さまざまな人間関係のコミュニケーションに対応するために、敬語を使うなどして、ふさわしい言葉遣いをすることが大切である。

ポイント７　表情や身ぶりを生かそう。

聞き手を前にして話す場合は、表情や身ぶりによって、ある程度伝えられる部分がある。大げさすぎるのは逆効果にもなるが、適度であれば、聞き手の関心を誘ったり、話し手の意図を伝えたりするのに効果的である。視線も、話し手の熱意を表して、聞き手をひきつけるだろう。

また、話し手は、話すときの場面にふさわしい態度や服装を心がける。聞き手の聞こうとする姿勢に影響するからである。

三　聞き方のポイント

聞き手も、黙ってその場に居ればよいというものではない。話し手は、聞き手の反応を見ながら話していくものである。話し手を見つめたり、頷いたり、メモを取ったりして、関心を示しながら聞きたい。脇を向いたり、おしゃべりしたり、眠ったりして、話を聞いていない態度をとると、話し手の意欲はそがれてしまう。聞く態度、姿勢は、話の善し悪しに直接影響するものであるから、その重要性を自覚し、よく聞くようにしよう。「話」は、実は、話し手だけでなく、話し手と聞き手で、ともに作っていくものなのである。

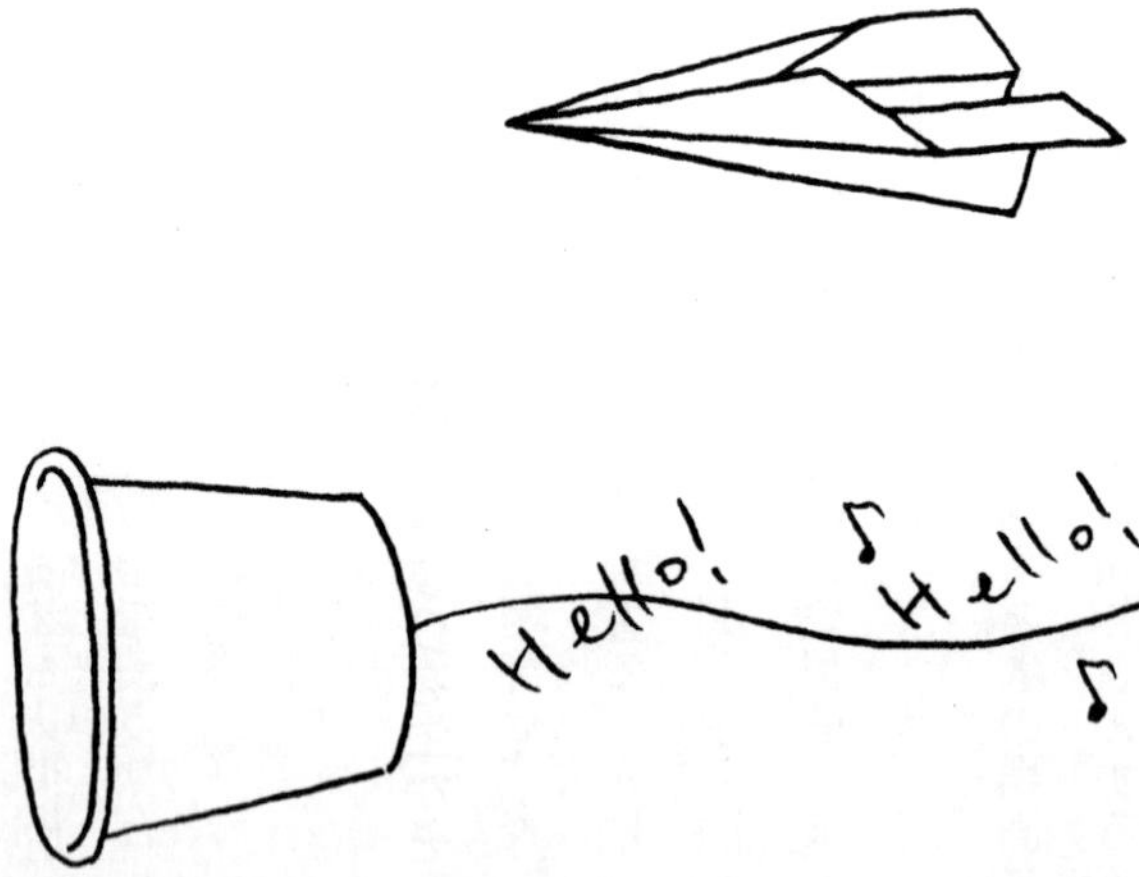

第三章　さまざまな場面の話し方

一　対話、会話

会話は、話し手と聞き手が随時交替しながら、二人以上で話し合うものである。話し手となったときに、自分だけが話を独占しないように気をつけたい。聞く人の身になって、その場の雰囲気を壊す（白けさす）ような発言や相手を傷つけるような発言は避ける。お互い話に夢中になってしまうと、おろそかになりがちであるが、聞きにくい口癖にも気をつけ、わかりやすく話すようにしたい。

「話し上手は、聞き上手」といわれる。話すということも重要だが、聞き手も、会話の大切な担い手である。前章でも述べたように、相手の話に軽く相づちを打ちながら熱心に耳を傾けるということも忘れてはならない。

二　発表、スピーチ

発表やスピーチでは、一人の話し手が、一定の内容を大勢の聴衆に向かって話すことになる。

一般に、話す時間が限られるので、与えられた時間内におさまるようにする。内容は、与えられた条件に合わせて、場や聴衆にふさわしいものを心がける。あらかじめ原稿を用意すると良い。話す速さは、速すぎても遅すぎても聞きづらい。適度だと言われる一分間に三百字程度のスピードにする。後方の人にまでよく聞こえるように発声する。聴衆に不快感を与えないように、その場にふさわしいことば遣いや態度、服装でのぞみたい。話しながら聴衆の反応に注意し、時には、ユーモアを交えて話すのも良い。場合によっては、話を理解する手がかりになるような参考資料を用意し、配布すると良い。

なお、求められる機会が多い簡単なスピーチに、自己紹介がある。自己紹介とは、「自己」を他者に知ってもらうように話すことである。比較的短い時間で行わなければならないことが多い。容易にできそうであるが、緊張する場面であり、第一印象を左右することもあるので、やはり、ある程度準備しておいた方がよい。「自己」のどのような点を知らせるかは、その場・状況に合わせて、あらかじめ考えておきたい。

そのために、まず、日頃より、次のような観点から、「自己」をしっかり認識しておく。

①　性格、人生観、信条、趣味など
②　責任感、行動力、表現力など
③　生い立ち、思い出など
④　学校生活、アルバイト、社会活動など
⑤　家族、友人、尊敬する人など
⑥　聞き手との関わりなど

次に、自己紹介する場面・状況がどのようなものか考える。

(a)　面接試験など
(b)　ある集団に新しく加わったときなど
(c)　聞き手の関心の所在など

現実に話すときは、通常、氏名から述べて、略歴、経験などに触れ、右の①～⑥の中からいくつかの点を取り上げて話す。聞き手の関心にも応えるよう配慮して内容を決める。ただし、自慢話にならないよう注意する。学歴、家柄、趣味などについて、あまり自慢すると、かえってよい印象を持たれなかったりすることがある。なお、場面・状況から判断して自分の持ち時間を推定し、短すぎたり、長すぎたりしないようにする。

聴衆は、ここでも、その聞き方が大切である。他の場合と同様、聞き手の姿勢や態度が、話し手の話す意欲だけでなく、話の善し悪しにまで影響するので、話に対する反応を示しながら熱心に聞きたい。スピーチの会場が大きい場合には、残念ながら、私語が出やすくなる。しかし、私語は、話し手に対して失礼であるばかりではない。ざわざわしてスピーチが聞き取りにくくなるうえ、話の質まで低下させることになって、ほかの多くの聞き手にも、大変迷惑をかけることになる。

三 会議、討論

会議は、いろいろな問題について、何人かで話し合い、よりよい結論を導こうとするものである。単に討論により思考を深めるようにする場合と、その結果、一定の議決を得ようとする場合とがある。いずれの場合も、参加者のうち、司会者は、話し合いがスムーズに行われるよう、意見を整理し、進行させる。発言者は、必ず司会者の許可を得て発言する。感情的な発言は避け、積極的に率直な意見を述べる。聞き手は、意見をよく聞き、冷静さを失わずに判断する。必要に応じて疑問点をただす。特に、大声や強い態度で発言する人の意見などに、その場の雰囲気で流されないように注意したい。参加者がそれぞれの役割を果たし、活発に議論することがのぞましい。

四 電話の応対

1 電話のかけ方

電話をかけるときは、あらかじめ用件を整理しておく。必要に応じて、メモも作る。行き当たりばったりで電話をして、話しておくべきだったことがいくつも残り、結局もう一度電話しなければならなくなるというようなことは避けたい。

電話をかける時間は、受ける側の都合も考えて決める。特に忙しい時間帯に、急用でもないのにかけるのは、先方には迷惑である。

電話には、かける人が居る場所の音がかなり入ってしまうことも覚えておきたい。大変にぎわっている場所からかけると、雑音で話し手の声が聞き取りにくくなる。声だけで伝達を図るものであるから、余分な音が入らないように、可能な限り静かな場所からかける。

先方が、電話に出たら、名乗り、先方の確認をする。ここで、もし、間違ってかけて（かかって）しまったことが分かったら、とにかく丁寧に詫びる。電話の取り次ぎを頼むときには、部署などを間違えないようにする。

2 電話の受け方

電話を受けた者は、はっきりと名乗る。重要な電話については、話の要点をメモするように心がける。電話を取り次ぐときは、その旨を先方に断ったうえ、取り次いでいる状況が先方に聞こえないようにする。電話に出るはずの者が、手が離せず出られないときは、そのことを伝え、後でこちらから電話をかけるように計らう。

3　その他のマナー

電話は、態度や身ぶりが直接見えず、声だけを頼りに行うコミュニケーションである。声の調子が大変重要となる。直接見えなくても、お辞儀をすればお辞儀をした声になるので、電話では見えないからといって、先方への丁寧な態度、身ぶりを惜しんではいけない。

また、受話器をおろす際に、周囲に当てたりして、電話を粗雑に切るような音が先方に聞こえてしまうのは失礼になる。先方が切った音を聞いてから切るか、話の終わりからやや間をおいて、できるだけ小さい音で切れるように工夫して切る。なお、電話を切るのは、相手の話をさえぎる趣があるので、原則として、目下の者は、先に電話を切らないのが礼儀である。

電話で用件に関する取り決めがあった場合は、必ず復唱して確認をする。聞き間違いがあるといけないので、確認は重要である。さらに、後日のため、メモをとっておくことも心がけたい。

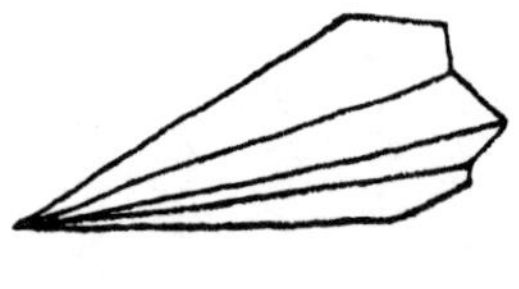

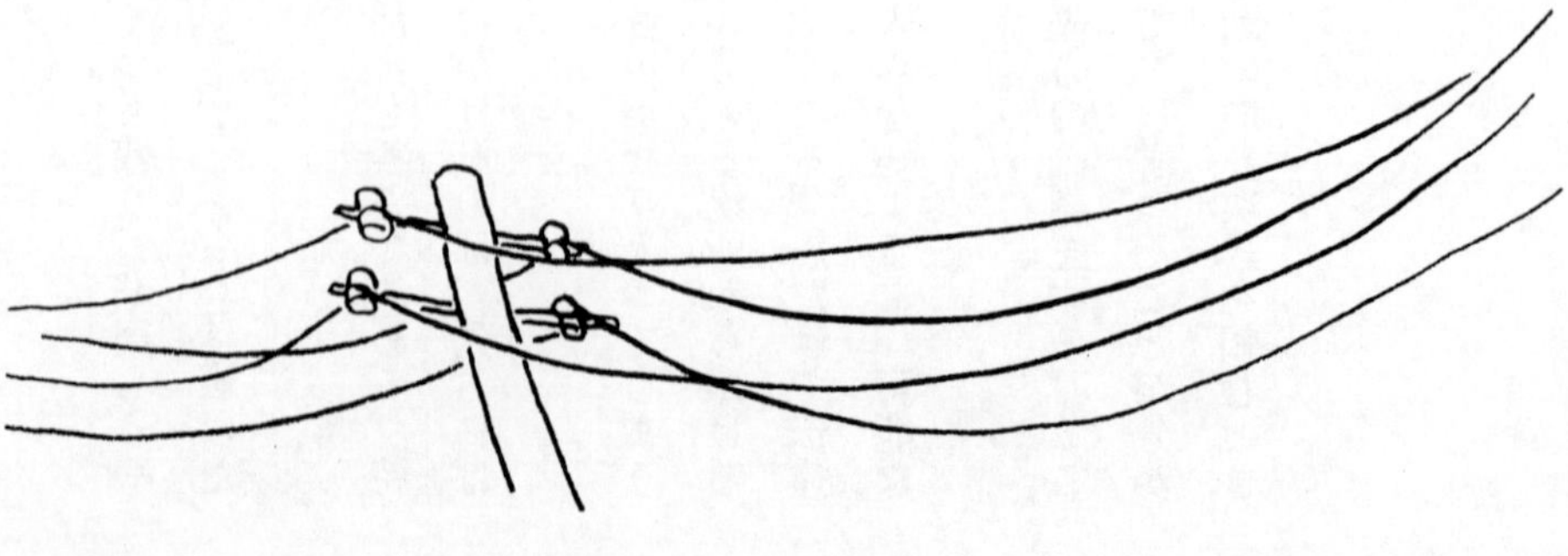

変体仮名の例

安 阿	加 可 閑	左 左 佐	太 多 多 堂	奈 奈 那	者 波 盤 八	末 末 万 満	也 屋	良 羅	和 王
以 伊	幾 支 起	之 志	知 遅 千	仁 耳 尓 二	比 飛 日	美 三 見		利 利 李 里	爲 井
宇 宇	久 久 具	寸 寸 須 壽	川 川 徒 津	奴 怒	不 布 婦	武 武 無	由 由 遊	留 流 類	
衣 江	計 遣 氣 希	世 世 勢	天 天 而	祢 祢 年	卩 遍	女 免		礼 連	恵 衛
於 於	己 古	曾 曾 楚 所	止 登 度	乃 乃 能	保 保 本	毛 毛 毛 茂	与 与 餘	呂 路	遠 越

覚えておきたい物の数え方

花	輪／本
いか・たこ	杯
うさぎ	羽・匹
牛・馬・鯨	頭
魚	尾《び》・匹
乾めん	把《わ》・束
うどん	玉《たま》
ざるそば	枚
豆腐	丁
茶（飲茶）	杯／服
海苔	枚／帖《じょう》
ぶどう	粒／房《ふさ》
飯《めし》	杯・膳《ぜん》
箸	膳《ぜん》
羊羹	本・棹《さお》
家屋	戸《こ》・軒・棟
鏡	面
掛軸	幅《ふく》・軸
畳	枚・畳
たんす	棹《さお》
机・椅子	脚《きゃく》
靴・靴下	足《そく》
銃	挺《ちょう》（丁）
はさみ	挺《ちょう》（丁）
貨車・客車	輛《りょう》（両）
飛行機	機
船	艘《そう》・隻《せき》
墓	基
囲碁・将棋（対局）	局・番
相撲（対戦）	番
事件	件
新聞	部
書類	通／部
手紙	通・本
詩・論文	編
俳句	句
短歌	首《しゅ》

参考文献

・佐藤喜代治編『国語学研究事典』一九七七、明治書院
・安田武『手紙の書き方』一九七九、講談社現代新書
・『国文学』一月臨時増刊号「敬語の手帖」一九八一・一、学燈社
・高木徹『表現の小箱―文章技法を磨くために―』一九九五
・国語表現法研究会『大学生のための国語表現〔改訂版〕』一九九六、学術図書出版社
・田上貞一郎『就職に役立つ　日本語表現』一九九六、萌文書林
・大隈秀夫『実例文章教室〔新訂版〕』一九九七、日本エディタースクール出版部
・大野晋『日本語練習帳』一九九九、岩波新書
・中村明ほか『日本語表現』一九九九、明治書院
・青山晶子『お礼の手紙・はがきの書き方』一九九九、西東社
・『岩波　現代用字辞典　第四版』一九九九、岩波書店
・国語表現法研究会『すぐに役立つ国語表現〔第三版〕』二〇〇〇、学術図書出版社

【執筆分担】
愛知峰子《あいちみねこ》　中部大学人文学部　第一部、第二部第一章・第四章、第三部
高木《たかぎ》　徹《とおる》　中部大学現代教育学部　第二部第二章・第三章、練習篇

カバーデザイン・本文イラスト　柏原冬子

表現のエチュード

2001年3月15日　第1版　第1刷　発行
2010年9月20日　第1版　第10刷　発行

著　者　愛知峰子
　　　　高木　徹
発行者　発田寿々子
発行所　株式会社　学術図書出版社
〒113-0033　東京都文京区本郷5-4-6
TEL 03-3811-0889　振替 00110-4-28454
印刷　三和印刷（株）

定価はカバーに表示してあります.

ISBN 978-4-87361-755-8　C3091

練習篇

【問1】〜【問15】
原稿用紙
封筒
はがき（二種）
履歴書
提出用紙

【問一】　傍線部を尊敬表現に直しなさい。

① 社長は会議室にいる。

② 昨日、社長はゴルフをした。

③ 先生が試験の注意事項を言った。

④ 先生はこのことを知っていますか。

⑤ 部長が私の報告書を見る。

⑥ 部長もここで弁当を食べますか。

⑦ 店長は和服を着ている。

⑧ 店長は私にボーナスをくれた。

⑨ 先生が黒板に字を書いた。

⑩ 先生は明日、外国に出発する。

学生番号		氏　名	

【問2】傍線部を謙譲表現に直しなさい。

① その仕事は私がします。

② 明日そちらに行きます。

③ 何も言うことはない。

④ そのことについては私は知りません。

⑤ 先生の作品を見た。

⑥ 明日社長に会う予定だ。

⑦ 先生の部屋でコーヒーを飲んだ。

⑧ 社長から記念品をもらった。

⑨ 先生、カバンを持ちます。

⑩ 建物の中を案内する。

学生番号		氏　名	

【問3】　傍線部を適切な表現に直しなさい。

①　明日おいでの際に、印鑑をご持参ください。

②　お客様の申されるとおりでございます。

③　○○様でございますか。

④　どうぞ絵を見てください。

⑤　先生は、このことを言いましたか。

⑥　先生が、博物館を案内してくれました。

⑦　先週の月曜日に、○○様に会いました。

⑧　お顔の色がすぐれませんが、どうかいたしましたか。

⑨　今度のご旅行は、関西方面に参られるそうです。

⑩　○○様は、ここにはおりません。

学生番号		氏　　名	

【問4】仮名遣いに注意して、傍線部の漢字の読み仮名を答えなさい。

① 大通（　　　）りを横切る。

② 扇（　　　）であおぐ。

③ 憤（　　　）りを覚える。

④ 賃金の支払いが滞（　　　）る。

⑤ 身近（　　　）な問題。

⑥ 地面（　　　）に伏せる。

⑦ 著（　　　）しい成長を遂げる。

⑧ 入学の手続（　　　）きをすませる。

⑨ お小遣（　　　）いをもらう。

⑩ 舌鼓（　　　）を打つ。

学生番号		氏　名	

【問5】 仮名遣いの誤りを正しく直しなさい。

① それでわ、お元気で。

② 大きな声で「こんにちわ」と言う。

③ やむおえず、私が引き受けることになった。

④ そうゆうことも考えに入れてほしい。

⑤ 君の言うとうりである。

⑥ 一つづつ問題を解決するべきだ。

⑦ 部屋をきれいにかたずける。

⑧ 足にくつづれができてしまった。

⑨ 母のこころずくしの弁当を食べる。

⑩ 彼は黙ってうなづいた。

学生番号		氏　名	

【問6】 送り仮名の正しいものを選びなさい。

① あざやか　ア 鮮か　イ 鮮やか　ウ 鮮ざやか

② おちいる　ア 陥る　イ 陥いる　ウ 陥ちいる

③ かしこい　ア 賢い　イ 賢こい　ウ 賢しこい

④ くやしい　ア 悔い　イ 悔しい　ウ 悔やしい

⑤ もっとも　ア 最も　イ 最とも　ウ 最っとも

⑥ むらがる　ア 群る　イ 群がる　ウ 群らがる

⑦ あたたかい　ア 暖い　イ 暖かい　ウ 暖たかい

⑧ いさぎよい　ア 潔い　イ 潔よい　ウ 潔ぎよい

⑨ おそろしい　ア 恐い　イ 恐しい　ウ 恐ろしい

⑩ うけたまわる　ア 承る　イ 承わる　ウ 承まわる　エ 承たまわる　オ 承けたまわる

学生番号		氏　名	

【問7】　同訓の漢字に注意して、傍線部を漢字に直しなさい。

① 交通事故にあ（　　　　）わないようにする。

② 問題解決のため全力をあ（　　　　）げる。

③ 手あつ（　　　　）い看護を受ける。

④ 大部の書物をあらわ（　　　　）す。

⑤ 家の床がいた（　　　　）んでいる。

⑥ 危険をおか（　　　　）して冬山に登る。

⑦ 学問をおさ（　　　　）める。

⑧ 問屋が小売業者に商品をおろ（　　　　）す。

⑨ 宝石をお金にか（　　　　）える。

⑩ 命が（　　　　）けの救出作業を行う。

学生番号		氏　　名	

【問8】 同訓の漢字に注意して、傍線部を漢字に直しなさい。

① 髪に花をさ（　　）す。
② ネクタイをし（　　）める。
③ 聞くにた（　　）えない話。
④ はさみで布地をた（　　）つ。
⑤ 新しい仕事につ（　　）く。
⑥ 会議の司会をつと（　　）める。
⑦ 貨物船が沖にと（　　）まっている。
⑧ 新卒者を多くと（　　）る会社。
⑨ 右大臣の位にまでのぼ（　　）る。
⑩ 法のもと（　　）に平等である。

学生番号		氏　名	

【問9】 同音異義語に注意して、傍線部を漢字に直しなさい。

① 人事い（　　　　）動を発表する。

② 問い合わせにかい（　　　　）答する。

③ 休日の校庭を市民にかい（　　　　）放する。

④ 贈り物で上役のかん（　　　　）心を買う。

⑤ き（　　　　）械体操を得意とする。

⑥ 強こう（　　　　）に反対する。

⑦ きょく（　　　　）限された地域だけで活動する。

⑧ 口とう（　　　　）試問を受ける。

⑨ 国語じ（　　　　）典で調べる。

⑩ 千人を収よう（　　　　）できる音楽ホール。

学生番号		氏　名	

【問10】
同音異義語に注意して、傍線部を漢字に直しなさい。

① 出しょ（　　）進退を明らかにする。

② しょう（　　）数意見を尊重する。

③ 戸籍しょう（　　）本が必要になる。

④ 食りょう（　　）危機について議論する。

⑤ 船はしん（　　）路を北にとった。

⑥ 乗り越し分の運賃をせい（　　）算する。

⑦ 絶たい（　　）絶命の危機。

⑧ 犯人を厳しく追きゅう（　　）する。

⑨ 日米安全保しょう（　　）条約。

⑩ ろ（　　）地でトマトを栽培する。

学生番号		氏名	

【問11】 次の漢字の部首について、その名称と画数を答えなさい。

漢字例	部首の名称	部首の画数
① 都・部	（　　）	（　）画
② 院・陽	（　　）	（　）画
③ 朗・期	（　　）	（　）画
④ 肌・肺	（　　）	（　）画
⑤ 疲・病	（　　）	（　）画
⑥ 袖・裸	（　　）	（　）画
⑦ 酔・酸	（　　）	（　）画
⑧ 開・関	（　　）	（　）画
⑨ 雄・雅	（　　）	（　）画
⑩ 雪・雲	（　　）	（　）画

学生番号		氏　名	

【問12】
傍線部を文章として適切な表現に直しなさい。

① お金を稼ぐのはやっぱり難しい。

② どっちかと言うと、サッカーより野球の方が好きだ。

③ 最近、学問の面白さがやっとわかってきた。

④ 大学生になると、すべて自分の責任だっていう面がある。

⑤ 私が言いたいのは、そういうことじゃない。

⑥ ごみの分別をちゃんとやるべきだ。

⑦ 大学生になって、ちょっと独り立ちした気分だ。

⑧ 楽器を弾くことが、楽しくてしょうがない。

⑨ 彼はなんでそこまでして走り続けるのだろう。

⑩ 釣りと言っても、いろんな釣りがある。

学生番号		氏名	

【問13】次の略語の元の形を答えなさい。

① 外為（　　　　　）

② 家裁（　　　　　）

③ 行革（　　　　　）

④ 原付き（　　　　　）

⑤ 公取委（　　　　　）

⑥ 生保（　　　　　）

⑦ 選管（　　　　　）

⑧ 超勤（　　　　　）

⑨ 日銀（　　　　　）

⑩ 年休（　　　　　）

学生番号		氏名	

【問14】傍線部の略語の元の形をカタカナで答えなさい。

① 明日正午でアポをとる。

② インフラの整備が遅れている。

③ コネを利用する。

④ 県立図書館建設のコンペに加わる。

⑤ 上にスタジャンを着る。

⑥ どのパソコンもスペックはほぼ同じだ。

⑦ セクハラに対する意識を高める。

⑧ JRのダイヤが改正される。

⑨ パソコンを使いこなす。

⑩ 会社のリストラを行う。

学生番号		氏名	

【問15】次の手紙文の空欄に入る適切な語を後から選びなさい。

①（　　）日毎に春めいてまいりました。
鈴木様には、ますますご②（　　）のこととお慶び申し上げます。
③（　　）、このたびの就職に際しましては、ひとかたならぬお世話になり、
心からお礼申し上げます。おかげさまで今日、東デザイン事務所より採用通知を
いただきました。
これもひとえに鈴木様のお力添えの賜と感謝いたしております。このうえは、
ご厚情に報いますよう誠心誠意勤めたいと存じます。今後ともどうぞよろしく
お願い申し上げます。
時節柄、くれぐれもご④（　　）くださいますようお祈りいたします。
⑤（　　）、取り急ぎ、お礼とご報告を申し上げます。
⑥（　　）
⑦（　　）
⑧（　　）
⑨（　　）様

敬具　健勝　自愛　拝啓　さて　まずは
三月八日　佐藤ゆうき　鈴木太郎

学生番号		氏　名	

【問16】　次の文章を読んで、後の問いに答えなさい。

私は大学で英文学という専門をやりました。その英文学というものはどんなものかとお尋ねになるかもしれませんが、それを三年専攻した私にも何がなんだかまあ夢中だったのです。そのころはジクソンという人が教師でした。私はその先生の前で詩を読ませられたり文章を読ませられたり、作文を作って、冠詞が落ちていると言って叱られたり、発音が間違っていると怒られたりしました。試験にはワーズワースは何年に生まれて何年に死んだとか、シェイクスピアのフォリオは幾通りあるかとか、あるいはスコットの書いた作物を年代順に並べてみろとかいう問題ばかり出たのです。年の若いあなた方にもほぼ想像できるでしょう、はたしてこれが英文学かどうだかということが。英文学はしばらくおいて第一文学とはどういうものだか、これではとうていわかるはずがありません。それなら自力でそれを窮め得るかというと、図書館に入って、どこをどううろついても手掛かりがないのです。これは自力の足りないばかりでなくその道に関した書物も乏しかったのだろうと思います。とにかく三年勉強して、ついに文学はわからずじまいだったのです。私の煩悶は第一ここに根ざしていたと申し上げても差し支えないでしょう。

（夏目漱石「私の個人主義」）

問一　文中の敬体（「です・ます」体）の部分をすべて常体（「だ・である」体）に改めなさい。

問二　敬語が使用されている部分を指摘し、その敬語の種類を答えなさい。

学生番号		氏　名	

学生番号		氏　名	

学生番号		氏　名	

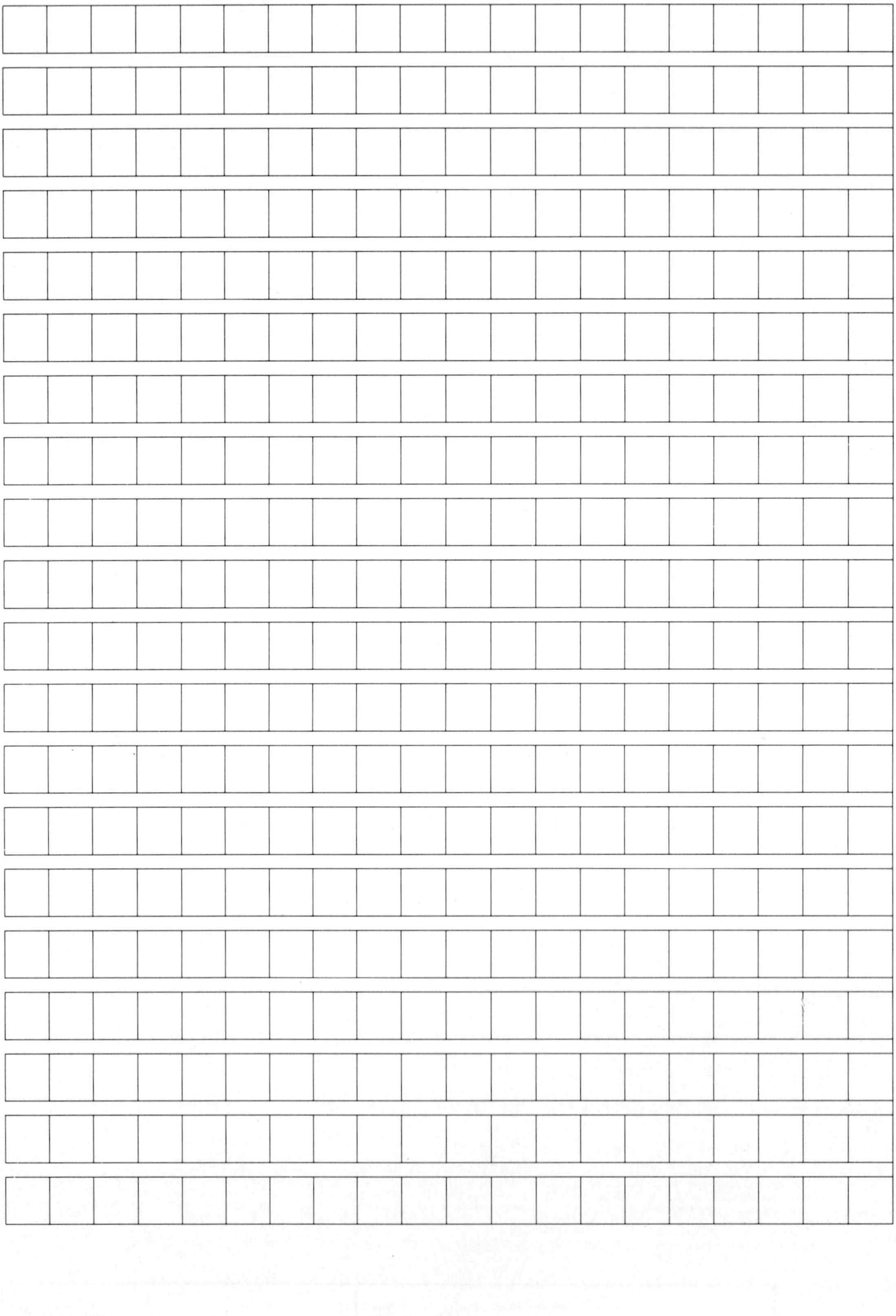

学生番号		氏　名	

学生番号		氏　名	

学生番号		氏　　名	

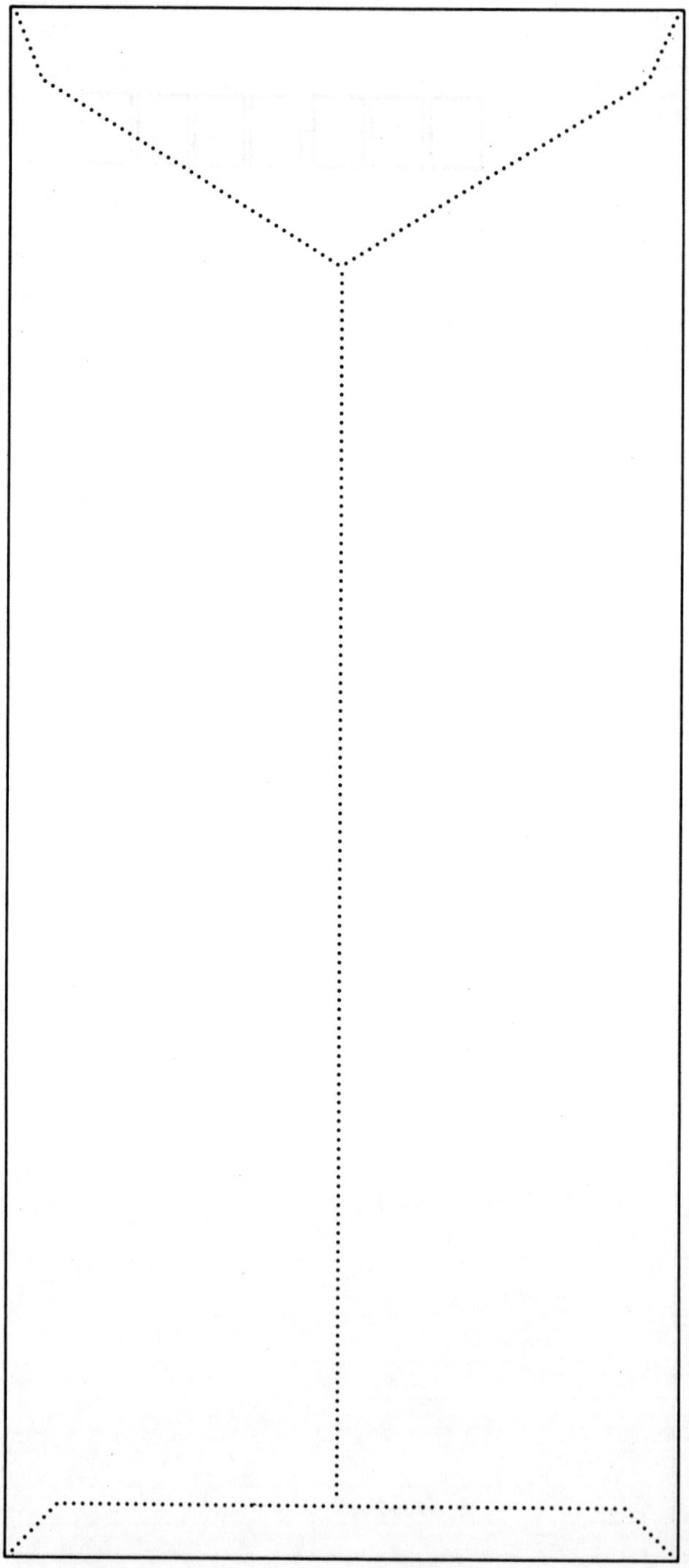

郵便はがき

学生番号		氏名	

学生番号	
氏名	

郵便はがき

487-8501

愛知県春日井市松本町一ー二

佐藤秋子 行

ご出席

ご欠席

（どちらかを○で囲んでください）

ご住所

ご芳名

履　歴　書

平成　　年　　月　　日 現在

写真をはる位置

(30㎜×40㎜)

ふりがな		印	性　別
氏　名			
生年月日	平成　　年　　月　　日 生　（満　　才）		

ふりがな		電話番号
現住所	〒	（　　　） －
ふりがな		電話番号
休暇中の 連絡先	〒	（　　　） －

年号	年	月	学　歴　・　職　歴

（注）黒または青インク、楷書、算用数字を使用

学生番号		氏　名	

学生番号	
氏　　名	

学生番号	
氏　　名	